갈망하는 예배자

미래교회를 사랑하는 사람들의 책 1

갈망하는 예배자

김형래 지음

신앙과지성사

책머리에

수없이 많은 예배가 있습니다. 한국의 전역에서 매 주일마다, 수요일마다, 금요일마다, 매일 새벽마다 예배가 드려집니다. 신앙인의 삶은 이처럼 수많은 예배로 둘러싸여 있습니다. 하지만, 이처럼 많은 예배가 드려지고 있음에도, 사람들은 예배를 통해서 그들의 영혼이 하나님께 다가가지 못하고, 하나님을 기쁘게 찬양하지도 못하며, 그저 몸만 다녀가는 형식적인 신앙인으로 남아있는 것을 봅니다. 관성적인 예배와 메마른 예배자는 하나님의 마음을 아프게 합니다. 하나님을 눈물짓게 합니다.

신앙인들 모두 참된 예배자가 되길 꿈꿉니다. 하나님 앞에 진실한 예배자가 되길 소망합니다. 우리는 하나님께 예배드리지 않으면, 예배자가 되지 않으면 맥없이 스러지는 사람들입니다. 신앙인의 영적 호흡은 예배를 통해서 가능하기 때문입니다. 하지만, 어떤 예배자가 진실한 예배자인지, 하나님께서 원하시는 예배자인지 우리는 잘 알지 못합니다. 진실한 예배자에 대한 고민이 이 책에 담겨져 있습니다. 하나님 앞에서 진실하고 향기 나는 예배자가 된다는 것은 여전히 두려운 일이고 어려운 일입니다. 저 역시 진실한 예배자가 되기 위한 길 위에 서 있습니다. 여전히 길을 찾는 여정 가운데 있습니다. 그러므로 이 책을 함께 나눔으로 이 길고 힘든 여정의 길잡이가 되기를 희망해 봅니다.

예배자는 하나님의 마음을 만나는 사람입니다. 누구의 시선 때문에 예배드리는 것이 아니라, 늘 드려왔기 때문에 예배드리는 것이 아니라, 하나님을 만나기 위해서 예배하는 사람입니다. 나의 기도가 하나님의 마음에 가 닿고, 나의 찬양이 하나님의 귀에 울려야 합니다. 하나님은 자신을 만나기를 갈망하는 예배자를 원하십니다. 영혼의 갈급함과 목마름이 없이는 우리는 하나님을 만나는 예배자가 되지 못할 것입니다. 이런 점에서 예배는 하나님과 예배자가 만나는 생생한 사건의 현장입니다. 예배자는 구경꾼도 아니고, 방관자도 아닙니다. 하나님을 기도로 만나고, 찬양으로 만나고, 말씀으로 만나는 사건의 주체입니다.

예배자는 성경에 뿌리내린 사람입니다. 하나님은 성경을 통해서 우리가 어떤 예배자가 되어야 하는지 많은 인물들을 통해서 보여주고 계십니다. 예배자의 모범, 예배자의 전형이 성경에 담겨져 있습니다. 성경에 기록된 우리의 신앙의 선조들의 모습 속에 다양한 빛깔을 가진 예배자들의 모습을 봅니다. 우리가 하나님의 말씀에 침잠하여 묵상하고 사색하고 고민할 때, 하나님께서 원하시는 예배자의 모습을 우리에게 보여주실 것입니다.

이 책에 실린 글들은 이러한 현실의 고민 속에서 제가 목회하고 있는 아현감리교회의 〈제33차 다니엘 세이레 새벽기도회〉에서 나누었던 말씀들을 토대로 정리한 것입니다. "하나님은 어떤 예배자를 원하실까?"라는 질문을 마음에 품고 성경에 나오는 인물들의 모습 속에서 참된 예배자의 모습을 묵상하고 살펴보았습니다. 새벽강단에서 열다섯 번에 걸쳐서 나눈 말씀입니다.

이 책은 여러 용도로 의미 있게 사용될 수 있을 것입니다. 우선은 새벽강단에서 선포된 말씀을 보다 맑은 정신으로 차분히 읽고 깊이 묵상하길 원하는 분들에게 도움이 되길 원합니다. 이 책은 어떤 예배자가 되어야 하는가, 하나님께서 원하시는 예배자는 누구인지 마음속에 진지한 질문을 묻는 분들에게 유용한 길잡이가 될 것입니다. 또한, 이 책은 "예배자"라는 한 가지 주제를 가지고 나아가기 때문에, "예배" 혹은 "예배자"와 관련된 연속적인 말씀을 준비하는 목회자들과 설교자들에게 작으나마 도움이 되리라 생각합니다. 더불어, 젊은이와 청장년 그리고 선교회 등과 같은 여러 모임에서 말씀을 나누는 교재나 자료로 활용되기를 기대합니다.

이 책이 나오기까지 수고해 주신 여러 분들에게 감사의 말씀을 전합니다. 저의 제안을 흔쾌히 수락해 주시고 앞으로의 비전도 제시해 주신 '신앙과지성사'의 최병천 대표님, 출판기획에서부터 실무까지 성심을 다해서 도와주신 편집주간 김동성 목사님, 그리고 교정과 디자인을 통해서 세심한 손길로 도움을 주신 출판사 관계자 여러분이 없었다면 이렇게 함께 나누지 못했을 것입니다. 마지막으로 새벽마다 사모하는 마음으로 선포되는 말씀에 귀를 기울여 주신 사랑하는 아현감리교회 성도님들에게 감사의 마음을 전합니다. 아무쪼록 이 책이 많은 분들과 만나서 예배를 통해 주시는 하늘의 은총을 깨닫고 언제나 기쁨과 감격으로 살아가는 예배자의 길로 인도하는 귀한 도구가 되기를 간절히 소망합니다.

2020. 2. 22.

북아현동 성애관에서

김형래

차례

01

아벨, 선을 행하는 예배자

3세월이 지난 후에 가인은 땅의 소산으로 제물을 삼아 여호
와께 드렸고 4아벨은 자기도 양의 첫 새끼와 그 기름으로 드
렸더니 여호와께서 아벨과 그의 제물은 받으셨으나 5가인과
그의 제물은 받지 아니하신지라 가인이 몹시 분하여 안색이
변하니 6여호와께서 가인에게 이르시되 네가 분하여 함은 어
찌 됨이며 안색이 변함은 어찌 됨이냐 7네가 선을 행하면 어
찌 낯을 들지 못하겠느냐 선을 행하지 아니하면 죄가 문에
엎드려 있느니라 죄가 너를 원하나 너는 죄를 다스릴지니라

/ 창세기 4:3-7 /

하나님께서 우리의 예배를 통해서 가장 원하시는 것이 무엇일까요? 하나님께 예배하는 우리에게서 하나님은 무엇을 가장 중요하게 보실까요?

성경 구절에서 그 답을 찾는다면, 히브리서 11장 6절에서 그 답을 찾을 수 있습니다.

"믿음이 없이는 하나님을 기쁘시게 하지 못하나니 하나님께 나아가는 자는 반드시 그가 계신 것과 또한 그가 자기를 찾는 자들에게 상 주시는 이심을 믿어야 할지니라"

믿음이 없이는 예배할 수 없습니다. 물론 믿음이 없어도, 다른 예배자들과 함께 예배의 자리에 나올 수는 있겠지만 진정으로 예배할 수는 없습니다.

정해진 시간에 함께 모여서 드리는 공예배는 예배의식으로 진행됩니다.

따라서 예배를 곧 예배의식이라고 생각할 수 있겠지만, 그러한 생각은 참된 예배에 대해서 겨우 반밖에 이해하지 못하는 것입니다.

예배는 마치 양면을 가진 동전과도 같습니다. 한쪽 면에는 예배당에서 찬양하며 하나님을 예배하는 장면이 담깁니다. 다른 면에는 매일의 삶에서 하나님을 신뢰하며 살아가는 모습이 담깁니다.

이처럼 예배는 필요한 의식을 포함하지만, 의식을 행한다고 진정한 예배가 되는 것은 아닙니다. 하나님은 믿음으로 사는 자의 예배를 원하시기 때문입니다.

창세기에 등장하는 가인과 아벨에 대한 기록을 통해서 하나님께서 그들의 예배를 어떻게 생각하시는지를 알 수 있습니다.

"… 여호와께서 아벨과 그의 제물은 받으셨으나 가인과 그의 제물은 받지 아니하신지라 …" (창 4:4-5)

가인과 아벨이 각자 자신의 제물로 하나님께 드렸는데, 하나님은 아벨의 제물은 받으셨지만, 가인의 제물은 받지 않으셨습니다.

여기서 '받지 않으셨다'라고 하는 말의 원어적 의미는 '쳐다보지도 않으셨다'라는 뜻입니다. 가인의 제물에는 아예 관심조차도 없으셨다는 말입니다.

왜 그러셨을까요? 오늘의 본문에는 그 이유가 설명되어 있지 않습니다.

그래서 우스갯소리로 하나님이 고기를 좋아하셔서 그렇다 말하기도 합니다.
그건 아니지요.

히브리서 저자는 아벨의 제사가 가인보다 더 나은 제사가 되었던 이유를 이렇게 설명합니다.

"믿음으로 아벨은 가인보다 더 나은 제사를 하나님께 드림으로 의로운 자라 하시는 증거를 얻었으니 하나님이 그 예물에 대하여 증언하심이라 그가 죽었으나 그 믿음으로써 지금도 말하느니라" (히 11:4)

우리는 오늘의 말씀에서 하나님께서 "아벨과 그의 제물"은 받으셨고, "가인과 그의 제물"은 쳐다보지도 않으셨음을 놓치지 말아야 합니다. 다시 말하면, 이 말씀을 통해서 우리는 '아벨'이라는 예배자, '가인'이라는 예배자는 그냥 지나쳐 버리고 우리의 관심을 '그들의 제물'에만 두어서는 안 된다는 것입니다.

오히려 그 이유가 제물에 있는 것이 아니라, 그 제물을 드린 예배자에게 있기 때문이었음을 깨달아야 합니다. 하나님이 기뻐 받으신 것은 아벨의 제물만이 아닙니다. '아벨과 그의 제물'이었습니다. 하나님이 쳐다보지도 않으신 것은 '가인과 그의 제물'이었습니다.

하나님이 진정 기뻐하시는 예배는 그 예물을 드리는 예배자에 의해서 결정됨을 말씀하고 계시는 겁니다. 분하여 안색이 변한 가인에게 하나님께서 물으셨습니다.

"네가 선을 행하면 어찌 낯을 들지 못하겠느냐…" (창 4:7)

제물을 드리는 예배의 자리에 함께 있던 가인과 아벨은 겉으로 보기에는 둘 다 모두 아무 손색이 없는 예배자였을 것입니다. 하나님께 드릴 그 제물에 둘 다 정성을 다했을 것입니다.

그러나 그들의 삶은 전혀 달랐다는 것을, 하나님의 이 말씀에서 깨닫게 됩니다. 하나님은 예배의 자리에서는 오히려 감춰질 수 있는 두 예배자의 삶을 모두 다 알고 계셨던 것입니다.

가인은 제물을 드리는 그 자리에서는 다른 사람보기에는 그럴싸한 예배자의 모습일 수 있었겠지만, 예배당 밖에서는 '하나님의 뜻을 행하지 아니하는 자' 였던 것입니다.

하나님 앞에서 자신의 죄를 고백하고 잘못을 뉘우치기는

커녕, 오히려 얼굴을 붉히고 분노하는 그의 모습은 평소 하나님에 대한 그의 마음과 자세가 어떠했는지를 잘 보여 줍니다. 그는 스스로 하나님을 신뢰하는 예배자가 아니었음을 여실히 드러냅니다.

따라서 제물만 가지고는, 예배의식으로만은 그가 하나님이 원하시는 예배자인지 아닌지 우리는 다 알 수 없습니다. 그러나 알 수 있는 방법이 있습니다. 하나님을 진정 하나님으로 믿고 살아가는 예배자라면 분명히 그 믿음이 그의 삶에서 선을 행하는 것으로 나타난다는 것입니다.

여기서 '선을 행한다는 것'은 하나님의 뜻을 행하는 것을 의미합니다. 하나님이 허락하신 그 삶의 자리에서 내가 원하는 것이 먼저가 아니라, 하나님이 원하시는 것을 깨닫고 그것을 최우선으로 살아가는 것을 말합니다.

하나님은 오늘도 그러한 선을 행하는 예배자를 찾고 계십니다. 그에게서 진정한 감사와 찬양의 예배를 받기 원하십니다.

오늘의 말씀을 통해서, 믿음의 삶이 왜 중요한지를 다시금 깨닫게 됩니다.

하나님께 드리는 제물과 그 제물을 드리는 자가 분리될 수 없듯이, 하나님이 기뻐하시는 예배와 그 믿음의 삶은 결코 분리될 수 없기 때문입니다.

하나님 보시기에, 지금 나는 과연 어떠한 예배자라고 생각되십니까? 만일 가인에게서 나의 모습을 본다면, 우리는 사랑과 긍휼의 하나님께 진실로 회개해야 합니다.

오늘 말씀 속의 가인이 더욱 안타까운 이유는 그가 비록 예배의 자리에 오기까지 '선을 행하지 않은 자' 였다 할지라도, 그래서 그의 제물을 하나님이 쳐다보지도 않으셨다 하더라도, 그 예배를 통해서 하나님의 뜻을 깨달을 기회가 있었다는 것입니다.

분노하고 화를 내기 보다는, 하나님 앞에서 겸손히 간구해야 했습니다. '하나님, 저를 긍휼히 여기시고, 해야 할 바를 깨닫게 하여 주시옵소서.' 만일 그러했다면, 비록 선을 행하지 못했던 가인이었을지라도 하나님께서 그를 용서하시고 그에게 은혜를 베푸셔서 하나님이 원하시는 예배자가 되도록 인도하셨을 것입니다.

우리가 모두 가인보다 낫다고 감히 장담할 수 없을 것입니다. 감사한 것은 아직 우리에게는 그 기회가 남아있다는 것입니다. 그 은혜를 입고 하나님을 기쁘시게 하는 예배자가 되어야 합니다.

아벨에게서 나의 모습이 보인다고, 교만하거나 남을 정죄해서는 안 됩니다. 언제든지 죄에 빠지고 넘어질 수 있는 것이 우리의 삶이기 때문입니다.

우리는 함께 모여 하나님께 예배하는 자리에서 뿐만 아니라, 그 자리를 떠난 후에 다시 예배의 자리에 오기까지의 우리 모든 삶에서도, 하나님을 기쁘시게 하는 참된 예배자가 되어야 할 것입니다.

02

아브람, 가능성을 실현하는 예배자

1여호와께서 아브람에게 이르시되 너는 너의 고향과 친척과
아버지의 집을 떠나 내가 네게 보여 줄 땅으로 가라 2내가 너
로 큰 민족을 이루고 네게 복을 주어 네 이름을 창대하게 하
리니 너는 복이 될지라 너를 축복하는 자에게는 내가 복을
내리고 3너를 저주하는 자에게는 내가 저주하리니 땅의 모든
족속이 너로 말미암아 복을 얻을 것이라 하신지라

/ 창세기 12:1-3 /

아벨은 믿음으로 제사드림으로써 가인보다 더 나은 제사를 하나님께 드렸습니다. 그러나 안타깝게도 아벨은 바로 그 예배 때문에 형 가인에게 죽임을 당했습니다. 예배 때문에 순교한 아벨 이후, 우리의 주목을 끄는 인물이 아브람입니다.

하나님은 그를 택하셔서 모든 믿는 자의 조상으로 삼으셨습니다. 아브람을 부르셔서 아벨 다음으로 하나님이 원하시는 예배자로 세우셨습니다. 그렇다면, 우리는 이러한 질문을 하게 됩니다.

하나님은 왜 아브람을 선택하셨는가?
아브람의 무엇을 보시고 그를 하나님께 예배하는 자의 모범으로 삼으셨을까?

오늘의 말씀 바로 앞 창세기 11장에 보면, 바벨탑 사건이 기록되어 있습니다. 이 바벨탑은 인간의 잘못된 예배가 어떠한 결과를 초래하는지를 보여줍니다.

하나님의 이름을 높이는 것이 아니라, 자신의 이름을 드러내려는 바벨은 반드시 무너지게 된다는 것입니다. 아무리 애쓰고 수고한다 하더라도, 아무리 멋져 보이는 예배라 할지라도 성령의 임재가 없고 예수 그리스도의 복음이 없으면 그 예배는 반드시 무너지게 됩니다.

그 바벨탑 사건 이후에, 하나님은 다시 참된 예배자를 찾으셨습니다. 그렇게 발견한 사람이 바로 아브람이었습니다. 그런데 놀랍게도 그는 처음부터 하나님을 알고 믿었던 자가 아닙니다.

그의 아버지 데라는 우상을 숭배하던 자였습니다. 그렇다면, 그의 아들인 아브람도 분명 우상을 숭배했을 것입니다. 여호수아 24장을 통해서 그들이 어떠한 상황에 있었는지를 이해할 수 있습니다.

"여호수아가 모든 백성에게 이르되 이스라엘 하나님 여호와께서 이같이 말씀하시기를 옛적에 너희의 조상들 곧 아브라함의 아버지, 나홀의 아버지 데라가 강 저쪽에 거주하

여 다른 신들을 섬겼으나" (수 24:2)

이 설명은 오늘의 이 사건을 후손들로 하여금 잊지 않도록 하려는 지도자 여호수아의 말입니다.

아브람은 '갈대아 우르'라는 곳에서 살았습니다. 그곳은 바벨론 지역에 해당됩니다. 그는 우상을 숭배하는 지역에 살고 있었습니다.
그러한 자를 하나님께서 택한 기준이 뭘까요?

하나님께서 아브라함을 택하신 이유는 그의 과거 혹은 그의 현재가 아니라, 그의 미래 즉 가능성을 보았기 때문입니다. 하나님을 인정하고 참으로 예배할 가능성, 바로 그것을 보셨던 것입니다. 오늘 말씀에는 들어있지 않지만, 느헤미야 9장에 보면 하나님께서 아브람을 택하신 그 근거를 이렇게 설명하고 있습니다.

"주는 하나님 여호와시라 옛적에 아브람을 택하시고 갈대아 우르에서 인도하여 내시고 아브라함이라는 이름을 주

시고 그의 마음이 주 앞에서 충성됨을 보시고 그와 더불어 언약을 세우사 …" (느 9:7-8)

하나님이 보셨던 것은 아브람의 마음입니다. 그 마음의 충성됨을 보셨습니다. 즉 그의 마음속에 참된 예배자가 될 수 있는 가능성을 보셨던 것입니다.

우리도 마찬가지입니다. 하나님께서 우리를 하나님의 자녀로 삼아주신 것은 우리에게 그러한 자격이 있어서가 결코 아닙니다. 우리가 가진 적은 가능성을 보시고 택해 주시고 기회를 주신 것입니다.

따라서 우리는 그 은혜에 감사할 수밖에 없습니다. 우리의 사명은 하나님의 능력을 입고 그 가능성을 실현해 내는 것입니다. 그것이 바로 우리를 택하신 하나님을 기쁘시게 하는 것이고, 그것이 바로 우리가 하나님이 원하시는 예배자가 되는 길입니다.

하나님은 아브람의 가능성을 보시고 그를 믿음의 길로 인도하셨습니다. 그리고 먼저 갈대아 우르를 떠나라고 말씀하셨습니다. 우상을 숭배하는 그 환경에서 떠나라는 것입니다.

본토 친척 아비의 집이 인간적으로는 편하고 익숙한 곳일 수 있지만, 그곳을 떠나 하나님만을 의지하는 믿음의 길로 가라는 것입니다. 세상의 안락과 편안함으로부터 과감히 떠날 수 있는 그 믿음의 결단에서부터 참된 예배자의 삶이 시작됩니다.

하나님은 아브람을 하나님을 기쁘시게 하는 예배자로 세우시기 위해서 하나님이 지시하는 낯선 땅으로 가게 하셨습니다. 그러나 그를 내버려두지 않으시고 그에게 복을 주셨습니다.

"내가 너로 큰 민족을 이루고 네게 복을 주어 네 이름을 창대케 하리니 너는 복의 근원이 될지라" (창 12:2)

하나님은 택하신 자에게 반드시 복을 주시는 분이십니다.

하나님의 선택과 축복은 이처럼 밀접한 관계가 있습니다. 엄밀한 의미에서, 하나님께 택함 받은 그자체가 복입니다.

우리는 이미 그러한 하나님의 복을 받았습니다. 그런데 더 놀라운 것은 우리를 통해서 또한 모든 이들이 복을 얻게 하신다는 것입니다.

"너를 축복하는 자에게는 내가 복을 내리고 너를 저주하는 자에게는 내가 저주하리니 땅의 모든 족속이 너로 말미암아 복을 얻을 것이라 하신지라" (창 12:3)

이것이 바로 우리에게 복을 주시는 이유이고 또한 우리의 사명이 됩니다. 모든 민족을 복되게 하기 위해서 아브람을 부르신 것처럼, 오늘 우리를 택하신 이유도 만민에게 복음을 전하게 하기 위함이라는 겁니다. 하나님이 우리를 예배자로 부르시고 또한 복을 주시는 이유는 우리 자신만을 위해서가 아닙니다. 다른 사람에게 그 복을 전하고 나눔으로써 하나님을 알게 하시는 것입니다.

물이 웅덩이에 고이면 썩는 것처럼, 복도 한 곳에 머물면 썩습니다. 그 가치가 사라집니다. 하나님이 주시는 복은 계속해서 흘러가야 합니다. 놀라운 것은 그렇게 흘러갈수록 더욱 풍성해 진다는 것입니다. 우리를 통해서 더욱 풍성케 하시는 하나님의 복을 많은 이들이 알아야 하고 또한 하나님을 함께 예배해야 합니다.

'복을 주겠다' 약속하신 하나님을 믿은 아브람은 그 말씀을 따라 갔습니다. 마침내 가나안 땅에 거주하게 된 아브람에게 하나님이 다시 나타나셔서 말씀하셨습니다.

"너는 일어나 그 땅을 종과 횡으로 두루 다녀 보라 내가 그것을 네게 주리라" (창 13:17)

만일 오늘 우리가 이 말씀을 들었다면 과연 어떻게 했을까요? 그 땅이 좋은 지 나쁜 지, 그 땅의 크기나 가치는 얼마나 되는지 먼저 살펴보고 계산해 보지 않았을까요?

아브람은 우리에게 참된 예배자의 정수를 보여줍니다.

땅에 대한 관심은 전혀 없고, 자신을 택하시고 다시 나타나신 하나님께만 집중합니다. 하나님께서 나타나신 그 자리에 먼저 제단을 쌓고 그곳에서 하나님의 이름을 불렀습니다.

그 이후에도 그는 가는 곳마다 하나님의 이름을 부르고 예배를 드립니다. 가능성을 보신 하나님의 그 선택이 결코 틀리지 않았음을 증거하고 있습니다. 하나님은 오늘도 우리의 가능성을 보시고 우리를 예배의 자리로 부르십니다. 과거에 예배한 것, 이미 이룬 것 때문에 부르신 것이 아닙니다. 하나님께서 주시는 복을 깨닫고 다시금 그 가능성을 실현해 내는 하나님이 원하시는 예배자가 되시기를 바랍니다.

03

모세, 준비하고 기다리는 예배자

10여호와께서 모세에게 이르시되 너는 백성에게로 가서 오늘
과 내일 그들을 성결하게 하며 그들에게 옷을 빨게 하고 11준
비하게 하여 셋째 날을 기다리게 하라 이는 셋째 날에 나 여
호와가 온 백성의 목전에서 시내 산에 강림할 것임이니 12너
는 백성을 위하여 주위에 경계를 정하고 이르기를 너희는 삼
가 산에 오르거나 그 경계를 침범하지 말지니 산을 침범하는
자는 반드시 죽임을 당할 것이라 13그런 자에게는 손을 대지
말고 돌로 쳐죽이거나 화살로 쏘아 죽여야 하리니 짐승이나
사람을 막론하고 살아남지 못하리라 하고 나팔을 길게 불거
든 산 앞에 이를 것이니라 하라 14모세가 산에서 내려와 백성
에게 이르러 백성을 성결하게 하니 그들이 자기 옷을 빨더라
15모세가 백성에게 이르되 준비하여 셋째 날을 기다리고 여
인을 가까이 하지 말라 하니라

/ 출애굽기 19:10-15 /

오늘의 성경은 하나님께서 모세에게 명하신 것입니다.

"… 너는 백성에게로 가서 오늘과 내일 그들을 성결하게 하며 그들에게 옷을 빨게 하고 준비하게 하여 셋째 날을 기다리게 하라 …" (출 19:10-11)

이 말씀 속에 우리가 예배자로서 중요하게 여겨야 할 말이 나옵니다. '준비'라는 말입니다. 예배는 예배당에 와서 시작되는 것이 아니라, 예배를 위해서 '준비'하는 그 시간부터 이미 시작됩니다.

하나님께서 주실 말씀을 사모하면서 기도로 준비하고 나온 사람의 예배와 아무런 준비 없이 허겁지겁 나온 사람의 예배는 결코 같을 수 없습니다. 모세에게 명하신 이 말씀을 통해서, 거룩함으로 준비되지 않는 예배는 결코 하나님이 원하시는 예배가 될 수 없음을 깨닫게 됩니다.

모세는 하나님의 말씀대로 이스라엘 백성에게 그들의 더러워진 옷을 빨게 함으로써 성결하게 준비하도록 했습니다. 그리고 나서 그들이 해야 할 것이 있었습니다.

그것은 바로 '기다리는 것' 이었습니다. 하나님은 사흘 동안을 기다리게 하셨습니다. 무엇을 기다리는 겁니까?

하나님의 임재를 기다리라는 것입니다. 하나님은 온 백성의 목전에서 시내 산에 강림한다고 말씀하셨습니다. 예배자는 언제나 하나님께서 그 예배의 자리에 친히 임재하실 것을 기대하며 기다려야 합니다.

우리가 함께 모여서 하나님께 예배하는 이 시간의 궁극적인 목적은 하나님의 임재를 사모하여 그것을 경험하기 위해서입니다.

만일 하나님께서 예배의 자리에 임재하시지 않으신다면, 그것은 그저 사람들끼리의 친목에 불과한 것입니다.

하나님께서 임재하실 때, 그 거룩함의 임재로 말미암아 우리의 예배가 참된 예배가 되고 예배를 통해서 하나님을 만나게 되는 거룩한 통로가 됩니다.

우리가 예배자로서 하나님의 임재를 깨닫는 방법이 있습니다. 그것은 하나님의 말씀을 통해서 느끼는 것입니다. 꼭 나에게 하시는 말씀으로 들리게 하십니다. 마치 나의 형편을 아시고, 나의 문제를 아시고, 나를 위해서 주시는 말씀으로 느끼게 하십니다.

예배를 마치고 인사를 나누다 보면, 종종 그런 말을 듣습니다. '목사님, 어쩜 저를 위해서 준비하신 설교 같아요.' '제가 지금 딱 그 문제로 고민하고 있었는데, 이제 답을 찾았습니다.'

예배 가운데 임재하시는 성령께서 그렇게 깨닫게 하십니다. 어떤 문제도 하나님의 임재 속에서 말씀 가운데 해결됨을 체험하게 하십니다. 예배를 통해서 그러한 하나님의 임재를 경험한 사람이 진정 하나님의 사람으로 변화됩니다. 성령의 능력으로 하나님을 기쁘시게 하는 예배자로 살아가게 됩니다.

바로 우리가 그러한 예배자가 되어야 합니다. 우리의 기도를 통해서 우리의 교회와 공동체가 그러한 예배공동체가 될 때 하나님이 우리에게 다시금 놀라운 예배의 부흥을 꿈꾸게 하시고 이루게 하실 것입니다.

성령의 임재는 우리가 예배를 드린다고 자동으로 그냥 되는 것이 아닙니다. 거룩함으로 준비하고 기도하며 기다려야 합니다. 그러할 때 그 예배 가운데 성령의 불이 임하고 뜨거운 마음의 감동과 하나님의 치유하심의 역사가 나타나는 것입니다.

준비하며 기다리는 예배자는 하나님의 은혜를 잊지 않습니다. 그 은혜를 기억하고 감사하는 것이 바로 예배입니다. 따라서 예배의 핵심은 기억하는 것입니다.

출애굽기에 보면, 하나님이 선택하시고 훈련시키시는 이스라엘 백성들에게 계속해서 하나님이 행하신 일을 기억하라고 말씀하십니다. 하나님이 애굽 사람에게 어떻게 행하셨는지, 지금까지 너희를 어떻게 인도했는지 기억하기를 원하셨습니다.

그러나 그들은 조금만 힘들면 너무나 쉽게 하나님의 은혜를 망각했습니다. 이스라엘의 죄가 다른 것이 아닙니다. 하나님의 구원의 은혜를 잊고, 불평하고 원망하는 것이었습니다.

우리의 모습은 어떠합니까? 지금까지 함께 하시고 인도하신 하나님의 그 은혜를 잊지 말아야 합니다. 잊지 않고 기억하는 자, 그가 바로 하나님이 원하시는 예배자입니다.

모세가 시내 산에서 하나님과 만나고 있었을 때, 이스라엘 백성들은 준비하며 기다리지 못하고 혼돈 속에 빠졌습니다. 자신들의 생각으로 판단하니까 불안해 질 수 밖에 없었습니다.

그 불안을 스스로 해결하고자 마련한 것이 바로 금송아지였습니다. 애굽 사람들이 만들어 섬긴 우상 중 하나가 금송아지였습니다. 그들은 애굽에서부터 인도하신 여호와 하나님은 잊은 채, 오히려 금송아지를 만들어서 그 우상에게 예배했던 것입니다.

그러니 하나님이 그것을 보시고 얼마나 섭섭하고 안타까우셨을까요? 그들을 위해서 언약을 주시고자 하시는 하나님의 마음은 헤아리지 못하고 그걸 기다리지 못하고 자기 마음대로 하려는 그들의 모습을 보시고 하나님은 분노하셨던 것입니다.

우리에게 생겨나는 많은 문제를 가만히 살펴보면, 그 문제의 원인이 조급함에 있을 때가 참 많다는 것을 깨닫게 됩니다. 기다리지 못하기 때문입니다. 우리는 신실하신 하나님을 믿고 기도하며 기다리는 예배자가 되어야 합니다.

하나님은 시내 산으로 부르셨던 모세를 내려보내시면서 이렇게 말씀하셨습니다.

"… 너는 내려가라 네가 애굽 땅에서 인도하여 낸 네 백성이 부패하였도다 그들이 내가 그들에게 명령한 길을 속히 떠나 자기를 위하여 송아지를 부어 만들고 그것을 예배하며 그것에게 제물을 드리며 말하기를 이스라엘아 이는 너희를 애굽 땅에서 인도하여 낸 너희 신이라 하였도다" (출 32:7-8)

하나님께서 말씀하신 이 부패는 예배의 부패입니다. 하나님께 드리는 향기로운 예배가 되지 못하고 악취를 풍기는 부패한 예배가 되었다는 것입니다.

혹시 우리의 예배가 준비하며 기다리는데 최선을 다하지 못하고 사람이 보기에만 좋은 예배를 만들고 있지는 않습니까?

우리는 하루하루 믿음의 삶으로 예배를 준비해야 합니다. 하나님께서 그 예배에 임재하시기를 간절히 기도하며 기다려야 합니다. 우리가 그러한 예배자가 될 때, 하나님의 은혜에 찬양과 감사가 넘치는 예배가 될 것이고 하나님께서 기뻐 받으시는 참된 예배가 될 것입니다.

매일매일 하나님께서 축복하실 그 예배를 사모하며 최선을 다해 준비하며 기다리는 우리가 되어야 할 것입니다.

04

화목제사자, 나눔으로 화목을 거두는 예배자

15너희는 재판할 때에 불의를 행하지 말며 가난한 자의 편을
들지 말며 세력 있는 자라고 두둔하지 말고 공의로 사람을
재판할지며 16너는 네 백성 중에 돌아다니며 사람을 비방하
지 말며 네 이웃의 피를 흘려 이익을 도모하지 말라 나는 여
호와이니라 17너는 네 형제를 마음으로 미워하지 말며 네 이
웃을 반드시 견책하라 그러면 네가 그에 대하여 죄를 담당
하지 아니하리라 18원수를 갚지 말며 동포를 원망하지 말며
네 이웃 사랑하기를 네 자신과 같이 사랑하라 나는 여호와
이니라

/ 레위기 7:15-18 /

레위기에는 구약시대에 행해졌던 다섯 가지 종류의 제사가 나옵니다. 번제, 소제, 속죄제, 속건제, 그리고 화목제입니다.

'우리가 지금 이러한 방식으로 제사를 드리지 않는데, 왜 레위기를 읽어야하나?' 이렇게 생각하면서 레위기를 우리와는 별로 상관없는 것으로 여기고 그저 대충 읽고 지나가는 사람들이 종종 있습니다.

우리가 레위기를 읽고 알아야 하는 중요한 이유가 있습니다. 출애굽기의 마지막 40장에 보면, 성막을 위한 모든 준비를 마친 이스라엘이 드디어 여호와께 성막을 봉헌하게 됩니다. 하나님의 말씀에 따라서, 첫째 달 초하루에 성막을 세웠습니다.

증거궤를 들여놓고, 상 위에 물품을 진설했습니다. 등잔대에 불을 켰습니다.

성막 뜰에는 제물을 바치기 위해서 번제단과 물두멍을 놓았습니다. 이렇게 성막의 모든 역사를 마치자, 성막 위에 구름이 덮이고 여호와의 영광이 충만했습니다.

그런데 문제는, 그렇게 봉헌한 성막에 그 누구도 들어갈 수 없다는 겁니다. 물론 낮에는 여호와의 구름이 성막 위에서 그들을 인도했습니다. 밤에는 불이 그 구름 가운데에 있음을 그들의 눈으로 보았습니다. 그러나, 그럼에도 불구하고, 하나님을 직접 만날 수는 없었습니다. 출애굽기는 그렇게 끝이 납니다.

그러한 이스라엘에게, 그들이 하나님께로 나아갈 수 있는 방법을 담은 책이 바로 레위기입니다. 제사 규정을 까다롭게 해서 예배자를 힘들게 하려는 것이 목적이 아닙니다. 제사를 통해서 하나님을 예배하는 자에게 하나님께서 진정 원하시는 것이 무엇인지를 깨닫게 하시려는 것이 목적입니다. 우리가 그 목적을 잘 알고 레위기를 읽게 되면, 그 안에는 놀라운 하나님의 은혜와 사랑이 담겨 있음을 발견하게 됩니다.

하나님이 무언가 부족해서 제물을 바치라고 하는 것이 아닙니다. 그 제물을 준비하고 드리는 예배자에게 더 크신 복을 주시기 위함입니다.

우리는 레위기를 통해서 이러한 하나님의 마음을 더 깊이 깨닫고 그 사랑과 은혜에 감사해야 합니다.

오늘의 말씀은 다섯 가지 제사 중에서 '화목제'에 대한 말씀입니다. 화목제의 특징을 한마디로 한다면 '나눔'이라고 할 수 있습니다.

번제는 그 드린 제물을 모두 태워서 완전히 하나님께 다 바치도록 했습니다. 소제와 속죄제, 그리고 속건제의 경우에는, 하나님께 드리는 부분이 정해져 있고 그 나머지는 제사장들의 몫이었습니다.

그런데 이 화목제는 달랐습니다. 제사장들의 몫을 떼고는, 나머지 부분 모두를 그 제사를 드린 예배자에게 다시 돌려주었습니다.

그러나 그것을 그냥 주는 것이 아니었습니다. 거기에는 조건이 있었습니다. 오늘 말씀이 그 몇 가지 조건을 설명하고 있습니다.

'화목제' 라고 통칭하는 이 제사는 예배자가 제사를 드리는 동기와 목적에 따라서 몇 가지로 구별되었습니다. 하나님의 은혜에 감사해서 드리는 화목제인 경우에는 '감사제' 라고 했고, 하나님께 무엇인가를 서원할 때 드리는 화목제가 '서원제' 였습니다. 그리고 자발적으로 즐겁게 드리는 화목제인 경우에는 '자원제' , 혹은 '낙헌제' 라고 불렀습니다.

'감사제' 인 경우에는 제사를 드린 당일 내에 돌려받은 그 제물을 다 먹어야 했습니다. '서원제' 나 '자원제' 인 경우는 제사드린 그다음 날까지 먹을 수 있었습니다. 화목제의 그 종류에 따라서 시간의 조건이 조금씩 다릅니다. 그러나 중요한 것은 화목제를 드린 사람은 자신이 드린 화목제물의 고기를 정해진 기한 내에 다 처리해야 합니다. 조금도 남기면 안 됩니다.

만약 그 기한을 넘겨서 제물이 남아 있으면 반드시 불태워 버려야 했습니다. 남겨 둘 수 없게 하셨습니다. 그 규정을 어기고 기한이 지나서 먹게 되면, 그 제사가 무효가 됨은 물론이고 오히려 그것으로 인해서 하나님께 죄를 범하는 것이 됩니다.

하나님께서 화목제에 왜 이런 규정을 주셨을까요? 나누게 하려는 것입니다. 이렇게라도 명하지 않으면, 자신의 것을 나누려고 하지 않는다는 것을 하나님은 너무나 잘 아시기 때문입니다. 창고에 쌓아놓고 썩어가는 한이 있어도 소유하고 독식하려는 것이 우리 인간의 마음입니다.

요즘은 냉장고에 냉동고까지 있으니, 얼마나 오래 가지고 있게 됩니까? 만약 지금 냉장고나 냉동고가 없다면, 아마 소유에 대한 욕심이 많이 줄어들 것입니다.

화목제에는 인간의 욕심을 버리게 하고 하나님을 향한 감사를 이웃과 더불어 나누게 하시는 하나님의 마음이 들어 있는 것입니다. 어느 가정에서 화목제를 드린다하면, 그날은 바로 동네잔치가 되고 동네축제가 되었을 것입니다.

보통 소 한 마리의 무게가 대개 700-800kg 가량 나간다고 합니다. 여기에서 뼈와 내장을 빼고, 제사장의 몫을 빼도 최소한 300kg 이상이 됩니다. 약 500근 정도입니다.

제사를 드린 예배자가 그 당일에, 혹은 그 다음날까지 아무리 고기를 잘 먹는다 해도 혼자서 해결하기에는 불가능한 양이라고 할 수 있습니다. 그러니까 그것을 정해진 기간에 다 해결하려면, 주위 모든 사람과 다 나누어야 했을 것입니다. 그런데 그들 중에는 좋은 관계에 있는 사람만 있지 않았을 겁니다. 어쩔 수 없이 평소에 관계가 소원했던 사람과도, 미워했던 사람과도 나누어야 했을 것입니다.

좋던 싫던, 다 나누지 않으면 하나님이 명하신 그 규정을 지킬 수 없고, 그렇게 되면 자신이 드린 그 제사가 오히려 하나님의 저주가 되는 것입니다. 그래서 미운 사람과도 나누어야만 했고, 그러한 나눔의 결과가 결국 화목의 열매로 거두어지게 하신 것입니다.

하나님께서는 우리의 예배가 하나님과의 화목만으로 끝나는 것을 원치 않으십니다. 하나님께 드리는 예배를 통해서, 우리 삶의 모든 관계가 화목으로 귀결되기를 원하시고 오늘도 그 사명을 주신다는 것을 명심하시기 바랍니다.

인간적으로는 도저히 사랑할 수 없는 그 사람과도 화목하게 하시는 하나님의 능력이 우리의 예배 가운데 임하시기를 간절히 소망합니다.

하나님이 원하시는 예배는 예배당에서 예배시간으로만 끝나지 않습니다. 우리의 삶에서 화목을 거두어 드리는 예배는 예배당 문을 나서는 그 때부터 시작되는 것입니다.

하나님은 레위기를 통해서 하나님께 예배하는 방법을 깨닫게 하셨습니다. 예배를 통해서 진정 원하시는 하나님의 마음을 알게 하십니다. 화목제의 말씀을 통해서, 우리는 하나님께 대한 예배의 헌신이 우리의 이웃과 이 사회와 나라를 향해서도 아낌없이 나누어져야 함을 잊지 말아야 합니다.

우리가 맺어가는 모든 관계 속에서 진정 화목을 거두는 예배자가 될 때, 우리의 예배를 하나님께서 기쁘게 받아주실 것입니다. 우리 모두가 그 나눔의 사명을 기쁨으로 감당하는 참된 예배자가 되기를 원합니다.

05

보아스, 끝까지 축복하는 예배자

13이에 보아스가 룻을 맞이하여 아내로 삼고 그에게 들어갔
더니 여호와께서 그에게 임신하게 하시므로 그가 아들을 낳
은지라 14여인들이 나오미에게 이르되 찬송할지로다 여호
와께서 오늘 네게 기업 무를 자가 없게 하지 아니하셨도다
이 아이의 이름이 이스라엘 중에 유명하게 되기를 원하노라
15이는 네 생명의 회복자이며 네 노년의 봉양자라 곧 너를 사
랑하며 일곱 아들보다 귀한 네 며느리가 낳은 자로다 하니라
16나오미가 아기를 받아 품에 품고 그의 양육자가 되니 17그
의 이웃 여인들이 그에게 이름을 지어 주되 나오미에게 아들
이 태어났다 하여 그의 이름을 오벳이라 하였는데 그는 다윗
의 아버지인 이새의 아버지였더라

/ 룻기 4:13-17 /

룻기는 그 길이는 짧지만, 어느 책보다도 처음부터 끝까지 주목해서 읽어야 하는 책입니다. 룻기에 등장하는 여러 인물의 관점에 따라서 다양한 깨달음을 얻을 수 있기 때문입니다.

먼저, 룻기의 주인공은 물론 '룻' 입니다. 남편을 잃은 이방 여인이 자신의 길을 찾아 떠나지 않고 끝까지 시어머니 '나오미' 를 모시는 극진한 효심을 보여줍니다.

룻의 이러한 효심도 물론 매우 귀하지만, 우리가 더욱 주목해야 할 것은 그 절망적인 상황에서 그녀가 결단하며 선포하는 믿음입니다.

"… 어머니의 백성이 나의 백성이 되고 어머니의 하나님이 나의 하나님이 되시리니 어머니께서 죽으시는 곳에서 나도 죽어 거기 묻힐 것이라 …" (룻 1:16-17)

결코 쉬운 고백이 아닙니다. 남편 잘못 만나서, 내 인생이 이처럼 꼬이고 불행하게 되었다고 얼마든지 한탄하고 그

집안을 저주하며 떠날 수도 있었습니다. 자신에게 닥친 그 절망의 현실과 눈앞의 여건을 보면, 결코 이러한 고백이 나올 수 없었을 것입니다.

하나님은 한 집안의 가장 절망적인 순간에, 아무도 기대하지 않는 이방 여인을 세우셔서 하나님의 새로운 역사를 시작하셨습니다. 룻기는 인간의 절망에서 하나님의 희망의 역사가 시작되고, 인간사의 끝에서 하나님의 일이 시작됨을 보여주고 있습니다.

우리는 끝까지 하나님을 신뢰하고 하나님을 의지해야 합니다. 인간의 생각, 세상의 기준으로 전능하신 하나님의 역사를 판단하고 너무 섣불리 단정해서는 안 됩니다.

룻기에서 이러한 깨달음을 보여주는 이들이 바로 '이웃 여인들' 입니다. 오늘 성경에 보면, 나오미가 룻을 통해서 그 집안의 대를 이을 아기를 낳게 되자 이웃 여인들이 함께 기뻐하며 그 아기를 축복합니다.

"… 찬송할지로다 여호와께서 오늘 네게 기업 무를 자가 없게 하지 아니하셨도다 이 아이의 이름이 이스라엘 중에 유명하게 되기를 원하노라" (룻 4:14)

또한 여기에 그치지 않고 그들은 며느리 룻을 '일곱 아들보다 귀한 며느리'라고 칭송하기까지 합니다.

"이는 네 생명의 회복자이며 네 노년의 봉양자라 곧 너를 사랑하며 일곱 아들보다 귀한 네 며느리가 낳은 자로다 하니라" (룻 4:15)

그런데 이 여인들의 축하가 마냥 달갑지만은 않게 느껴집니다. 나오미가 이방 땅에서 모든 것을 다 잃고 고향 베들레헴으로 돌아왔을 때, 그들이 나오미를 향해서 뭐라고 했었습니까?

'이이가 나오미냐?' (룻 1:19)

이 말에는 나오미를 향한 조롱과 비난이 담겨있습니다.

'그렇게 자기들만 잘살아보겠다고 고향을 떠날 때는 언제고, 이제 갈 곳 없게 되어서 이렇게 돌아오다니 꼴좋다.'

이 말이 나오미의 마음에 얼마나 상처가 되었으면, 그녀 스스로 자기의 이름을 부인하기까지 했겠습니까?

"… 나를 나오미라 부르지 말고 마라라 부르라 이는 전능자가 나를 심히 괴롭게 하셨음이니라" (룻 1:20)

비난과 조롱을 받으면서 자기 스스로 생각할 때도, 자신의 인생을 도저히 기쁨의 인생이라고 할 수가 없었던 것입니다. 오히려 누구보다도 고난과 절망의 인생으로 볼 수밖에 없었습니다.

상실의 고통 가운데 돌아온 나오미를 그 때 그 이웃 여인들이 진심으로 위로하고 하나님의 복을 빌어주었다면 얼마나 좋았었을까요?

흉년에도 불구하고 고향에 남아서 하나님을 진정 예배하던 자들이었다면, 마땅히 그러했어야 했습니다. 비록 자신의 이익만 좇다가 실패한 인생으로 돌아왔다 할지라도, 그녀를 긍휼히 여기고 끝까지 축복하는 예배자들이어야 했습니다.

우리의 주변에 상실의 고통 가운데 있는 이들이 있다면, 긍휼한 마음으로 그들을 위해서 기도해 주시고 끝까지 그들을 축복해 주는 예배자가 되기를 바랍니다.

하나님을 기쁘시게 하는 예배자는 내 기준으로, 눈에 보이는 대로, 섣불리 판단하고 비난해서는 안 됩니다. 어떠한 상황에서도 선하심과 인자하심이 영원하신 하나님을 신뢰하면서 끝까지 이웃을 향한 하나님의 축복을 전하는 예배자가 되어야 합니다.

룻기에 등장하는 바로 그러한 예배자가 바로 '보아스'입니다. 룻과의 결혼을 통해서 그가 얻을 것은 사실 거의 없었습니다. 오히려 여러 가지 의무만을 감당해야 할 형편입니다.

그런데도 보아스는 기꺼이 룻과 결혼했습니다. 룻의 심성과 그의 삶의 모습을 지켜본 보아스는 비록 그녀가 이방 여인이었지만 '현숙한 여인' 임을 깨달았던 것입니다.

진정 하나님을 경외하며 예배하는 자에게는 하나님께서 영적인 분별력과 지혜를 주십니다. 그래서 하나님의 마음을 품고 사람을 보게 하시고 문제를 해결하게 하십니다.

보아스는 룻과의 결혼을 위해서 해결해야 할 여러 문제를 바르고 정직하게 해결해 갔습니다. 편리한 방법이나 효율적인 방법을 우선시 하지 않고, 마땅히 해야 할 정도를 지켰습니다.

그렇게 이루어진 믿음의 가정 위에 하나님께서는 새로운 생명을 선물로 주셨습니다. 그가 바로 이스라엘의 가장 위대한 왕 다윗의 할아버지, '오벳' 이었습니다. 이방 여인

룻을 끝까지 축복하며 함께 한 보아스를 통해서 다윗의 가문이 세워졌고, 이방 여인이 예수 그리스도의 계보에 들어가는 놀라운 축복을 누리게 되었습니다.

룻기는 이처럼 해피엔딩으로 끝이 납니다. 처음에는 결코 예상하기 어려운 결말이었습니다. 이방 땅으로 이주해간 여인이 남편과 두 아들 모두를 잃었습니다. 어쩔 수 없이 다시 돌아온 고향에서는 사람들로부터 조롱과 비난을 한 몸에 받았습니다.

그러나 하나님은 그녀를 긍휼히 여기시고 믿음의 자부를 얻게 하셨습니다. 또한 새로운 기업 무를 자를 만나게 하셔서 하나님의 구원의 역사를 이루어갈 믿음의 가문을 세우셨습니다.

믿음의 역사는 결코 상실과 절망으로 끝나지 않음을 깨닫게 됩니다. 인생의 슬픔과 고통 속에도 하나님의 축복이 담겨 있음을 믿고 그 믿음으로 끝까지 모든 이들을 축복하는 참된 예배자가 되어야 합니다.

오늘 성경의 마지막 구절에서 하나님의 위대하신 섭리를 발견하게 됩니다.

"그의 이웃 여인들이 그에게 이름을 지어주되 나오미에게 아들이 태어났다 하여 그의 이름을 오벳이라 하였는데 그는 다윗의 아버지인 이새의 아버지였더라" (룻 4:17)

하나님은 실패자의 모습으로 고향에 돌아온 나오미를 조롱하고 비난했던 이웃 여인들에게 그녀의 아들 '오벳'의 이름을 짓도록 하셨습니다.

만일 그렇지 않았다면, 서로가 함께 하나님을 찬양하는 예배자들이 되기는 어려웠을 것입니다. 서로를 비난하고 원망하는 관계로 끝났을 것입니다.

하지만 '오벳'은 하나님의 이 놀라운 섭리로 인해서 그의 인생 내내 모두의 사랑을 받을 수 있었고, 그를 통해서 다시금 모두가 하나님께 진정 감사의 예배를 드릴 수 있었습니다.

하나님은 우리에게도 그러한 놀라운 은혜를 주시는 분입니다. 하나님 앞에서 그 누구도 소외되는 사람 없이 모두가 서로를 축복하는 아름다운 예배공동체가 되기를 간절히 바랍니다.

06

사무엘, 도우심을 잊지 않는 예배자

[12]사무엘이 돌을 취하여 미스바와 센 사이에 세워 이르되 여
호와께서 여기까지 우리를 도우셨다 하고 그 이름을 에벤에
셀이라 하니라 [13]이에 블레셋 사람들이 굴복하여 다시는 이
스라엘 지역 안에 들어오지 못하였으며 여호와의 손이 사무
엘이 사는 날 동안에 블레셋 사람을 막으시매 [14]블레셋 사람
들이 이스라엘에게서 빼앗았던 성읍이 에그론부터 가드까
지 이스라엘에게 회복되니 이스라엘이 그 사방 지역을 블레
셋 사람들의 손에서 도로 찾았고 또 이스라엘과 아모리 사람
사이에 평화가 있었더라

/ 사무엘상 7:12-14 /

한 해가 저물어 가는 시점에 다가갈수록 더 소중하게 느껴지는 것이 있습니다. 그것은 바로 '시간' 입니다.

연초에 세웠던 여러 계획이 그저 계획으로 끝나가고 있다면 안타깝고 후회되는 마음이 더욱 커집니다. 이러한 마음을 읽어내서인지 해마다 연말이 되면 '시간' 을 주제로 지나온 날들을 돌아보게 하는 영화가 개봉하곤 합니다.

몇 해 전, "어바웃 타임" (About Time)이라는 영화가 상영되었습니다. 주인공인 남자아이가 성인이 되는 날, 그는 아버지로부터 깜짝 놀랄만한 가문의 비밀을 듣게 됩니다.

대대로 그 가문의 남자는 시간을 되돌릴 수 있는 초능력이 있다는 겁니다! 만약 우리에게 시간을 되돌릴 수 있는 능력이 있다면 뭘 하시겠습니까? 영화 속 주인공은 여자 친구를 만들기 위해서 시간을 되돌립니다. 그래서 과거에 짝사랑했던 그녀와의 사랑을 이루게 됩니다.

그런데 문제는 그게 끝이 아니라, 달라진 그것으로 인해서 미처 예상치 못한 곳에서 또 다른 문제들이 생겨납니다. 그 문제들을 해결하느라, 초능력으로 얻은 그 행복을 누리지 못합니다.

그렇게, 현실과는 다른, 초능력의 삶을 통해서 우리에게 깨달음을 전합니다. "인생은 모두가 함께하는 여행이다. 매일 매일 사는 동안… 우리가 할 수 있는 건 최선을 다해 이 멋진 여행을 만끽하는 것이다."

우리 역시 오늘의 삶이 하나님께서 우리에게 선물로 주신 가장 멋진 여행임을 깨닫고 살아가야 합니다. 지난날 아쉬웠던 것, 잘못됐던 것 때문에 오늘도 후회하고 있기 보다는, 새롭게 주시는 이 날마다의 멋진 여행을 끝까지 하나님의 은혜 가운데 기쁨으로 만끽해야 합니다.

그렇다면, 어떻게 하는 것이 이 아름다운 여행을 만끽하는 것일까요? 오늘의 성경에서 사무엘은 우리에게 그 비결을 전하고 있습니다.

"사무엘이 돌을 취하여 미스바와 센 사이에 세워 이르되 여호와께서 여기까지 우리를 도우셨다 하고 그 이름을 에벤에셀이라 하니라" (삼상 7:12)

사무엘은 하나님의 도우심으로 마침내 블레셋을 물리치자 즉시 돌을 세웁니다. 그리고 그 이름을 '하나님께서 여기까지 도우셨다'라는 의미를 담아서 '에벤에셀'이라고 부릅니다.

그런데 여기서 우리가 주목해야 할 것이 있습니다. '에벤에셀'이라는 이 말이 사무엘이 여기서 처음 지은 것이 아니라는 것입니다. 사무엘상 4장에 보면, 이스라엘 자손이 앞서 블레셋과의 아벡 전투에서 대패했었는데, 그때 그들이 진을 쳤던 장소가 바로 '에벤에셀'이었습니다.

"… 이스라엘은 나가서 블레셋 사람들과 싸우려고 에벤에셀 곁에 진 치고 블레셋 사람들은 아벡에 진 쳤더니" (삼상 4:1)

바로 그곳에서, 앞서 이스라엘은 홉니와 비느하스 두 제사장과 함께 많은 군사를 잃었던 큰 아픔과 실패가 있었습니다.

하나님에 대한 믿음과 경외 없이, 그저 언약궤만 앞세우고 나갔다가 그 언약궤마저 빼앗기고 블레셋에게 완전히 예속되는 수치를 당했었습니다. 따라서 사무엘이 오늘 말씀에서 마침내 블레셋에게 승리를 거두고 돌을 세운 후에, 그때 그 지명을 따서 '에벤에셀' 이라고 불렀다는 것은 특별한 의미가 들어있는 것입니다.

단순히 오늘의 승리를 자축하거나 그들의 성공을 기억하려는 것이 아닙니다. 오히려 과거의 수치와 부끄러운 실패마저도 하나님의 도우심으로 인하여 깨끗이 씻겨지고 크신 은혜로 고백하게 하시는 하나님을 증언하는 것입니다. 이러한 사무엘의 모습을 통해서, 우리는 우리 자신의 모습을 돌아보아야 합니다.

때로 우리가 어려움을 당할 때, 하나님께 간절히 기도하면서 하나님의 긍휼하심과 도우심을 간구합니다. 이 어려움만 이겨내게 하시면, 이것만 잘 풀리면 하나님을 위해서 귀한 것을 드리고 하나님께 헌신하겠다고 약속합니다.

그런데 막상 그 위기가 지나가고 나면, 하나님께서 베풀어 주신 은혜는 물론 자신이 하나님 앞에 약속했던 내용까지 다 잊어버립니다. 성경의 인물들에서도 그러한 모습을 볼 수 있습니다.

야곱이 가나안을 떠날 때, 하나님 앞에 여러 가지를 간절히 서원했지만 돌아와서는 새까맣게 이를 잊었습니다. 하나님의 은혜에 대해서 이렇게 해서는 결코 하나님과 좋은 관계를 지속해 나갈 수 없습니다. 성경은 야곱이 그 약속을 지키지 않았을 때, 그의 딸과 아들들에게 돌이킬 수 없는 큰 위기가 찾아왔음을 보여줍니다.

하나님이 원하시는 예배자는 실패로 인해서 하나님을 멀리하지 않고, 끊임없이 하나님과 친밀한 관계를 지속해가는 예배자입니다. 잘될 때나 좋을 때는 열심히 예배생활 잘 하다가, 힘들고 안 될 때는 언제 그랬냐는 듯이 쉽게 떠나는 자가 되어서는 안 됩니다.

그러하려면 실패에서도 깨달음을 얻어야 합니다. 그 실패를 통해서 더욱 하나님의 도우심을 간구하는 예배자가 되어야 합니다. 하나님은 그러한 예배자를 돌보셔서 그 부끄러운 실패도 마침내 놀라운 은혜의 자랑거리가 되도록 역사하십니다.

사무엘은 당시의 이스라엘뿐만 아니라, 그들의 후손에게도 이것을 대대로 증거하기 위해서 '도움의 돌'을 세우고 과거 부끄러운 수치의 장소였던 '에벤에셀'이라 부르게 했던 것입니다. 이스라엘이 하나님을 경외하지 않고 의지하지 않을 때, 그들에게 언약궤는 있었지만 블레셋과의 전쟁에서 결코 승리할 수 없었습니다.

그러나 사무엘의 권면과 호소를 따라서, 미스바에 모여 전심으로 회개할 때 하나님의 놀라운 능력이 임했습니다. 그때에야 비로소 하나님의 도우심으로 과거의 수치를 다 벗게 되었습니다.

우리에게도 오늘 이 자리가 다시금 하나님 앞에서 우리의 교만함을 회개하고 하나님의 도우심을 간구하며 겸손히 기도하는 '미스바'가 되어야 합니다. 우리의 죄악과 수치에도 불구하고 '하나님께서 오늘 여기까지 도우셨습니다' 고백하고 감사할 때, 하나님께서 오늘도 그 은혜를 더해 주실 것입니다.

오늘 말씀은 이스라엘에게 주신 그러한 하나님의 은혜를 증언하고 있습니다. 그렇게 막강했던 블레셋이, 이스라엘이 그렇게 두려워했던 블레셋이, 그 이후 사무엘의 시대에는 다시는 이스라엘 안에 들어오지도 못하게 됩니다. 이스라엘은 빼앗겼던 성읍들을 다 회복합니다.

또한 '아모리'와 같은 두려운 적과도 평화적인 관계를 유지하게 됩니다. 이로써 이스라엘은 사무엘의 시대에 비록 왕은 없었지만, 하나님의 능력이 임해서 왕정시대보다 더 평안과 안정을 누리게 되었던 것입니다.

우리가 기도의 자리에 나와서 하나님을 믿고 간구한다면, 우리에게 하나님의 놀라운 능력이 임하실 것입니다. 하나님은 우리가 태어나면서부터 지금까지 우리와 늘 함께 하십니다. 우리 곁을 잠시도 떠나지 않으시고, 졸지도 주무시지도 않고 지켜주십니다.

그러한 하나님을 진정 기쁘시게 하는 일에 더욱 최선을 다해야 합니다. 그 일의 시작이자 결코 멈출 수 없는 것이 바로 하나님이 원하시는 예배자가 되는 것입니다. 우리는 하나님께 그 일을 감당하는 자가 되도록 도움을 구하고 동시에 하나님께 감사하며 영광 돌리는 거룩한 삶을 살아야 하겠습니다.

07

브나야와 야하시엘,
끊임없이 찬양하는 예배자

4또 레위 사람을 세워 여호와의 궤 앞에서 섬기며 이스라엘
하나님 여호와를 칭송하고 감사하며 찬양하게 하였으니 5아
삽은 우두머리요 그 다음은 스가랴와 여이엘과 스미라못과
여히엘과 맛디디아와 엘리압과 브나야와 오벧에돔과 여이
엘이라 비파와 수금을 타고 아삽은 제금을 힘있게 치고 6제
사장 브나야와 야하시엘은 항상 하나님의 언약궤 앞에서 나
팔을 부니라

/ 역대상 16:4-6 /

찬송가 69장 "온 천하 만물 우러러"는 이 땅의 모든 존재들을 향해서 '하나님을 찬양하라' 선포합니다. 이 찬송은 이탈리아 아시시의 성 프랜시스가 지었고, 시편 148편의 말씀을 토대로 작사했습니다.

"저 금빛 나는 밝은 해, 저 은빛 나는 밝은 달
힘차게 부는 바람아, 떠가는 묘한 구름아
저 돋는 장한 아침 해, 저 지는 고운 저녁 놀
저 흘러가는 맑은 물, 저 조화 많은 밝은 불"

한시도 찬양이 끊이지 않도록 만물이 다 주를 찬양하라는 것입니다.

성 프랜시스는 부유한 가정에서 태어났습니다. 하지만 평생을 하나님을 찬양하고자 청빈과 순결의 정신으로 살았습니다. 그가 설교할 때는, 그가 지은 이 찬송처럼, 동물과 식물도 그의 음성에 귀를 기울였다는 전설적인 이야기가 전해옵니다.

우리도 평생토록 하나님이 호흡 주시는 그 순간까지 하나님을 찬양하는 예배자가 되어야 합니다. 참된 예배자의 삶에는 찬양이 끊이지 않아야 합니다.

'찬양'이라는 말의 어원을 살펴보면, 그 의미가 '피조물들이 창조주이신 하나님께 드리는 가장 아름다운 말'이라는 것을 알 수 있습니다. '찬양'의 헬라어는 '유로기아'입니다. '유'는 good 즉 '좋은'이라는 뜻이고, '로기아'는 word 즉 '말'이라는 의미입니다.

따라서 '찬양'을 어원적으로 직역하면 '좋은 말'이라는 뜻입니다. 믿음의 고백을 담아서 감사함으로 드리는 우리의 찬양은 인간이 하나님께 드리는 가장 아름다운 말입니다.

선지자 이사야는 하나님께서 우리에게 바로 그 찬양을 받으시고자 우리를 지으시고 하나님의 자녀로 삼아주셨다고 선언했습니다.

"이 백성은 내가 나를 위하여 지었나니 나를 찬송하게 하려 함이니라" (사 43:21)

하나님께 지음 받은 우리는 이 찬송의 사명을 잘 감당해야 합니다. 하나님의 이름을 높이고 그 능력을 선포하는 일에 늘 최선을 다해야 합니다. 하나님이 원하시는 예배자는 결코 그에게서 찬양이 끊이지 않아야 합니다.

때로 감당하기 어려운 문제 가운데 있다 할지라도, 앞이 보이지 않는 어두운 터널에 있는 것 같더라도, 우리 인생의 주관자가 되시는 하나님을 믿고 진정으로 예배하는 자라면 찬양이 끊이지 않아야 합니다.

오늘 성경에서 다윗은 바로 그러한 이스라엘의 모습을 보여주고 있습니다. 레위 사람들을 세워서 여호와의 궤 앞에서 늘 섬기면서 하나님을 칭송하고 감사하며 찬양하도록 했습니다.

이 사건은 다윗이 하나님의 궤를 자신이 예비한 장막에 무사히 모시고 나서 가장 먼저 행했던 것입니다. 우여곡절 끝에 마침내 언약궤를 모시고 왔으니, 다윗이 할 수 있는 일이 여러 가지 있었을 것입니다.

그러나 다윗은 가장 먼저 찬양하는 자들을 세워서 하나님께 올리는 찬양이 끊이지 않도록 했습니다. 우리도 다윗처럼, 하나님을 기쁘시게 하는 찬양의 사명을 깨닫고 최선을 다해 감당해야 합니다.

또한 우리가 기억해야 할 것은 우리의 찬양은 우리의 입술로만이 아니라, 우리의 온 삶으로 하나님께 드려진다는 것입니다. 찬양의 사명을 감당하는 레위인들이 하나님께 최고의 찬양을 드리고자 자신의 몸을 정결하게 구별했던 것처럼, 하나님을 찬양하며 예배드리는 우리도 우리의 몸을 성결하게 하고 우리의 삶이 하나님 보시기에 가증한 것이 되지 않도록 해야 합니다.

오늘의 말씀 5절에 보면, 언약궤 앞에서 찬양하고 악기를 연주한 사람들의 명단이 나옵니다.

"아삽은 우두머리요 그 다음은 스가랴와 여이엘과 스미라못과 여히엘과 맛디디아와 엘리압과 브나야와 오벧에돔과 여이엘이라 비파와 수금을 타고 아삽은 제금을 힘있게 치고" (대상 16:5)

그 중에 우두머리인 아삽은 제금을 힘있게 쳤다고 기록하고 있습니다.

여기서 아삽이 힘있게 쳤다는 것은 다른 이들의 악기와 비교하지 않고, 자신에게 맡겨진 제금을 치는 일에 최선을 다하고자 노력했음을 의미합니다. 만일 그가 다른 악기에 신경을 썼다면, 그렇게 집중하지 못했을 것입니다.

하나님께서 다윗을 통해 아삽에게 제금을 맡기셨듯이, 오늘 우리에게도 교회를 통해서 각자에게 하나님의 일을 맡기십니다. 비파와 수금과 제금이 잘 어우러질 때 아름다운 찬양이 이루어지는 것처럼, 어느 일이 더 낫고 어느 것이 못하다는 생각을 버리고 하나님께서 맡기시는 사명에 집중해야 합니다. 그것이 바로 하나님께서 기뻐 받으시는 찬양이 되는 것입니다.

하나님은 우리가 어떠한 일을 맡느냐 그 종류를 보시지 않습니다. 맡겨진 일에 얼마나 최선을 다해 충성하느냐를 보십니다. 아삽이 자신에게 주어진 제금을 힘있게 친 것처럼, 우리에게 맡기시는 그 일에 최선을 다하는 예배자가 되어야 합니다.

이어지는 6절 말씀에서 제사장 브나야와 야하시엘을 통해서 그러한 예배자의 모습을 봅니다. 그들은 항상 언약궤 앞에서 나팔을 불었습니다. 자신의 일에 변함없이 한결 같았습니다.

사람이 이렇게 한결같이 충성하는 일은 쉬운 것이 아닙니다. 시간이 좀 지나다보면 조금씩은 변하게 되는 것이 사람입니다. 그래서 끝까지 초심을 지키는 것이 어쩌면 가장 어려운 일입니다.

그러나 브나야와 야하시엘은 처음과 동일한 마음과 자세

로 자신들의 사명을 감당했습니다. 나팔을 불어서 하나님을 찬양할 때마다 자신의 삶을 바르게 했습니다.

어떤 이들은 하나님께서 주신 사명보다도 자신이 처한 상황을 염려하고 사람의 시선을 먼저 생각합니다. 그런데 대부분 그들도 처음부터 그랬던 것은 아닙니다.

처음에는 누구보다 뜨겁고 열심있는 신앙생활을 했습니다. 그런데 시간이 지남에 따라서 처음의 감격을 잊게 됩니다. 뜨거움이 식어지고 하나님 보다 인간적인 생각이 앞서게 되는 것입니다.

잠깐의 뜨거움만으로는 하나님을 기쁘시게 할 수 없습니다. 한결같은 믿음의 삶으로 하나님을 찬양하는 예배자가 되어야 합니다. 한결같은 브나야와 야하시엘의 나팔소리가 울려 퍼질 때 마다, 이스라엘 백성들은 함께 집회에 모여서 스스로의 영적 상태를 점검했습니다.

옛적에 교회 종소리를 울려서 예배 시간을 알리던 것에

비할 수 있습니다. 밥을 짓다가도, 농사일을 하다가도, 교회 종소리를 듣고 세상일을 접어둔 채 교회로 달려왔습니다.

지금은 비록 교회 종소리가 울리지는 않지만, 이제는 하나님께 올리는 우리의 찬양이 바로 세상을 향한 그 종소리가 되어야 합니다. 오늘도 세상 쾌락에 빠져서 하나님을 잊고 있는 이들에게 다시금 구원과 생명의 길을 깨닫게 하고 하나님을 예배하는 자가 되도록 찬양의 사명을 감당하는 우리 모두가 되기를 바랍니다.

08

솔로몬, 정성으로 채우는 예배자

6여호와 앞 곧 회막 앞에 있는 놋 제단에 솔로몬이 이르러 그
위에 천 마리 희생으로 번제를 드렸더라 7그 날 밤에 하나님
이 솔로몬에게 나타나 그에게 이르시되 내가 네게 무엇을 주
랴 너는 구하라 하시니 8솔로몬이 하나님께 말하되 주께서
전에 큰 은혜를 내 아버지 다윗에게 베푸시고 내가 그를 대
신하여 왕이 되게 하셨사오니 9여호와 하나님이여 원하건대
주는 내 아버지 다윗에게 허락하신 것을 이제 굳게 하옵소
서 주께서 나를 땅의 티끌 같이 많은 백성의 왕으로 삼으셨
사오니 10주는 이제 내게 지혜와 지식을 주사 이 백성 앞에서
출입하게 하옵소서 이렇게 많은 주의 백성을 누가 능히 재판
하리이까 하니 11하나님이 솔로몬에게 이르시되 이런 마음이
네게 있어서 부나 재물이나 영광이나 원수의 생명 멸하기를
구하지 아니하며 장수도 구하지 아니하고 오직 내가 네게 다
스리게 한 내 백성을 재판하기 위하여 지혜와 지식을 구하였
으니 12그러므로 내가 네게 지혜와 지식을 주고 부와 재물과
영광도 주리니 네 전의 왕들도 이런 일이 없었거니와 네 후
에도 이런 일이 없으리라 하시니라

/ 역대하 1:6-12 /

많은 교회에서 특정한 시기에 다양한 기도 모임을 가집니다. 예를 들면, 새해를 시작하는 연초에 일정 기간을 정해서 평소와는 다른 특별한 새벽기도회를 하는 교회들이 많습니다.

하지만 이런 특별 새벽기도 모임을 한다고 해도 지리적, 시간적 여건상 참석하기 어려운 이들이 있습니다. 그래서 어떤 이들은 집 가까운 교회에서 새벽기도를 하는 경우도 있고, 근무 여건상 밤늦게까지 일하느라 매일 참여하지 못하는 이들도 있습니다. 하지만, 교회 가까이 산다고 해서 혹은 시간적 여건이 된다고 해서 이런 모임에 당연히 참석하느냐, 꼭 그렇지만도 않습니다.

어떠한 마음과 자세로 그것을 받아들이는가에 달려있는 겁니다. 우리가 '특별' 이라는 말을 붙여가면서까지 기도회를 한다는 것은 이 기도의 자리가 내 선택이 아니라, 하나님이 주시는 사명이요 내가 감당해야 할 의무임을 표현하는 것입니다.

'말씀이 좋으면 가야지' 아니에요.
'특송 담당이니까 가야지' 아닙니다.
내가 채워야 할 자리이고 내가 지켜야 할 자리라는 것을 깨달아야 합니다.

참석해 보니까 말씀도 좋아서 감사한 것이고, 하나님께 특송도 할 수 있어서 감사한 것이 되어야 합니다.

적어도 그 기간만큼은 기도의 사명을 최우선으로 감당하겠다는 그러한 다짐과 결단이 예배자의 마음 가운데 있지 않으면, 굳이 '특별'이라고 해야 할 이유도 없고, 오히려 그 말이 무색해지는 겁니다.

사실 기도회 앞에 '특별'이라고 붙이는 것을 그리 달갑지 않게 생각하는 사람이 있을 수 있습니다. '기도회면 다 기도회지 무슨 특별하고 특별하지 않은 것이 있나?'라며 반감을 가질 수 있습니다.

맞습니다. 하나님은 모인 숫자에 집착하시는 분은 아니십니다. 몇 명이 모였느냐 그 자체가 결코 다는 아닙니다. 하지만, 우리가 하나님을 예배하는 일에 온 마음과 정성을 다하겠다는 다짐과 결단을 하지 않고는 그 숫자가 늘지 않습니다.

그래서 숫자도 중요한 겁니다. 기도의 자리, 예배의 자리를 지키고 최선을 다하는 그 숫자를 통해서 하나님은 우리의 마음과 헌신과 믿음을 또한 보시기 때문입니다.

공예배에 참석하지 않으면서, '나는 삶으로 예배합니다' 말하는 것은 하나님 앞에 교만한 것이고 예배를 오해하고 있는 사람입니다. 예배의 자리, 기도의 자리를 채우고 지키는 자만이 일상에서도 거룩한 삶으로 하나님께 예배할 수 있기 때문입니다.

'특별'의 의미를 깨닫고 기도에 최선을 다해서 하나님의 부르심에 순종하는 사람에게 하나님께서 놀라운 은총을 베푸실 것입니다. 그에게 하나님의 능력의 역사를 체험하는 믿음의 가정이 되게 하시고, 그를 통하여 주님의 일이 날로 부흥하는 믿음의 공동체가 되게 하실 것입니다.

하나님은 숫자에 집착하시는 분은 아니시지만, 때로 일정한 기간을 채울 때 역사하시는 것을 성경을 통해 보게 됩니다.

모세는 40세 때 동포가 학대받는 것을 보고 분개하여 애굽 사람을 살해하고 미디안 땅으로 도망갔고, 그곳에서 이드로의 딸 십보라를 아내로 맞아 가정을 이룬지 40년이 되었을 때, 호렙 산에서 민족을 해방시키라는 하나님의 부르심을 받았습니다. 그리고 출애굽 이후 모세는 또 다시 40년을 광야에서 지내게 됩니다. 비록 모세는 가나안 땅에 들어가지 못하지만, 그 모든 기간이 지난 후 마침내 이스라엘은 약속의 땅에 들어가게 됩니다.

어떤 일에 부르심을 받고 믿음으로 결단하고 시작했다면 마음과 뜻과 정성을 다해서 끝까지 그 분량을 채우는 예배자가 되어야 합니다. 또한 중요한 것은 하루하루 기도의 자리를 채우고 매주일 예배의 자리를 채워갈 때, 그 예배와 기도가 형식적인 반복이 되지 않도록 하는 것입니다.

하나님께서 주신 새로운 한 날임을 고백하면서 성심을 다하고 또다시 새로운 한 주를 시작하며 정성을 다하는 예배자가 되어야 합니다. 그러할 때 단순히 채우는 것이 목적이 되지 않고, 그 양을 채워가는 과정과 모습과 그 마음에 하나님이 감동하시는 것입니다.

오늘 말씀에서 솔로몬이 일천 번제를 드렸을 때 하나님은 감동을 받으셨습니다. 일천 번제를 드린 그 날 밤에 솔로몬을 찾아오셔서 물으셨습니다.

"… 내가 네게 무엇을 주랴 너는 구하라 …" (대하 1:7)

이 절호의 기회에 솔로몬은 자신의 사명에 따라 간구했습니다. 자신의 부나 존귀를 구하지 않았습니다. 자신을 왕으로 세우신 하나님의 그 사명을 잘 감당할 수 있도록 지혜와 지식을 구했던 것입니다.

일천 번제로 하나님을 감동케 했던 솔로몬은 역시 하나님을 실망시키지 않았습니다. 특별한 기도의 자리를 채우는 이들이 끝까지 마음과 정성을 다할 뿐만 아니라, 하나님이 주시는 그 사명을 따라 살아가는 예배자가 됩니다.

정성으로 채워갈수록, 우리의 마음도 하나님의 말씀으로 충만히 채워져야 합니다. 먼저 그 나라와 의를 구하는 하나님이 원하시는 예배자가 되어야 합니다. 따라서 우리는 하나님이 어떠한 분이신지를 잘 알고 예배해야 합니다. 하나님의 은혜를 받고 그것을 누릴 때 그 은혜가 어디로부터 왔는지를 항상 잊지 않아야 합니다.

솔로몬은 아버지 다윗이 하나님께 받은 큰 은혜를 기억했고 그 은혜를 귀히 여겼습니다.

"… 주께서 전에 큰 은혜를 내 아버지 다윗에게 베푸시고 내가 그를 대신하여 왕이 되게 하셨사오니 … 주는 내 아버지 다윗에게 허락하신 것을 이제 굳게 하옵소서 주께서 나를 땅의 티끌 같이 많은 백성의 왕으로 삼으셨사오니 주는 이제

내게 지혜와 지식을 주사 이 백성 앞에서 출입하게 하옵소서 …" (대하 1:8-10)

솔로몬은 여호와 하나님이 어떠한 분이신가를 깨달았습니다. 하나님은 왕을 세우기도 하시고 폐하시기도 하시는 전능하신 분임을 그는 알았습니다.

자신이 바로 하나님이 세우신 왕임을 알았기 때문에, 하나님이 원하시는 뜻을 이루기 위해서 자신에게 있어야 할 것을 간구했던 것입니다. 오늘 나에게 주시는 하나님의 사명은 무엇입니까? 이 시대에 우리 교회에게 원하시는 주님의 뜻은 무엇이겠습니까?

그 사명을 깨닫고 그 뜻에 따라 간구하는 예배자가 될 때, 하나님은 우리의 정성에 감동하시고 그것을 감당할 놀라운 능력과 은총을 베푸실 것입니다. 그 능력, 그 은총이 우리 가운데 풍성히 있게 되기를 원합니다. 하나님 주시는 큰 은혜로 그 사명을 감당해 갈 때, 우리의 삶 가운데 아름답고 풍성한 열매로 축복해 주실 것입니다.

오늘도 정성으로 채워가는 이 시간, 다시금 하나님 앞에서 우리의 한계를 인정하고 간절히 기도는 시간을 가지시길 바랍니다. 자신의 한계를 인정한다는 것은 하나님 앞에서 겸손하다는 것입니다. 하나님은 자신의 한계를 아는 사람에게 그 한계를 극복하는 믿음의 능력을 주시고 그의 앞길을 열어주십니다. 그 놀라운 도우심과 인도하심의 은총이 우리 가운데 풍성히 임하시기를 바랍니다.

09

욥, 까닭 없이 경외하는 예배자

[8]여호와께서 사탄에게 이르시되 네가 내 종 욥을 주의하여
보았느냐 그와 같이 온전하고 정직하여 하나님을 경외하며
악에서 떠난 자는 세상에 없느니라 [9]사탄이 여호와께 대답하
여 이르되 욥이 어찌 까닭 없이 하나님을 경외하리이까 [10]주
께서 그와 그의 집과 그의 모든 소유물을 울타리로 두르심
때문이 아니니이까 주께서 그의 손으로 하는 바를 복되게 하
사 그의 소유물이 땅에 넘치게 하셨음이니이다 [11]이제 주의
손을 펴서 그의 모든 소유물을 치소서 그리하시면 틀림없이
주를 향하여 욕하지 않겠나이까 [12]여호와께서 사탄에게 이르
시되 내가 그의 소유물을 다 네 손에 맡기노라 다만 그의 몸
에는 네 손을 대지 말지니라 사탄이 곧 여호와 앞에서 물러
가니라

/ 욥기 1:8-12 /

하나님을 믿는 우리에게 가장 큰 행복은 하나님께 칭찬받는 것입니다. 칭찬받는다는 것은 참 기분 좋은 일입니다. 칭찬을 받으면 자신이 하는 일에 더 보람을 느낍니다. 자존감이 높아지고 자신감이 생깁니다.

칭찬 한마디가 한 사람의 인생을 바꿀 수도 있을 만큼, 칭찬의 위력은 대단합니다. 하나님은 이러한 칭찬의 위력을 아시는 분이십니다.

그렇지만 항상 드러나게 칭찬하시지는 않습니다. 직접적으로 칭찬하시기보다, 간접적으로 칭찬하실 때가 많습니다. 오늘 말씀인 욥기 1장에 보면, 하나님이 욥을 칭찬하는 이야기가 나옵니다.

그런데 하나님이 욥에게 직접 칭찬하신 것이 아니라, 사탄 앞에서 칭찬하십니다.

"… 네가 내 종 욥을 주의하여 보았느냐 그와 같이 온전하고 정직하여 하나님을 경외하며 악에서 떠난 자는 세상에

없느니라” (욥 1:8)

여기서 우리가 주목해야 할 것이 있습니다. 욥에 대한 하나님의 칭찬은 성공이나 업적에 대한 것이 아니었다는 것입니다. 하나님의 칭찬은 그의 성품과, 그의 신앙과 관련이 되어 있다는 것입니다.

그는 온전하고 정직했습니다. 거짓이 없고 악에서 떠난 사람이었습니다. 그의 성품은 하나님을 경외하는 신앙에 뿌리를 두고 있었습니다.

그런 까닭에 사탄이 공격했던 것은 그러한 욥의 신앙이었습니다. 욥에 대한 하나님의 칭찬 가운데, 사탄이 문제로 삼은 것은 그의 신앙입니다. 하나님을 경외하는 믿음이었습니다. 하나님이 칭찬하시는 욥의 신앙에 대해서, 사탄은 의혹을 제기합니다.

“… 욥이 어찌 까닭 없이 하나님을 경외하리이까” (욥 1:9)

사탄의 주장은 욥이 나름대로 까닭이 있어서 하나님을 경외한다는 것입니다. 하나님이 많은 소유의 복을 주셨고 그 복을 지켜 주신 까닭이라고 말합니다. 만약 그의 소유물을 치시면, 욥은 틀림없이 하나님을 욕할 것이라고 주장합니다.

여기서 우리는 사탄의 계획과 의도를 깨달아야 합니다. 사탄이 무너뜨리고 싶은 것은 욥의 신앙입니다. 욥이 칭찬받는 근본 이유를 송두리째 흔들어놓겠다는 것입니다.

사탄은 하나님께 칭찬받는 사람을 공격합니다. 하나님이 인정하시는 사람을 시험합니다. 하나님을 경외하는 사람을 이해할 수 없는 고난 가운데로 몰아넣습니다.

따라서 칭찬받는 하나님의 사람에게도 고난은 찾아옵니다. 고난은 죄를 지은 사람에게만 찾아오는 것이 결코 아닙니다. 욥의 고난은 죄로 인한 고난이 아니었습니다. 사탄 때문에 겪어야 했던 고난이었습니다.

우리는 모든 고난의 원인을 죄로 보아서는 안 됩니다. 때로 하나님이 하나님의 사람을 연단하기 위해서 사용하시는 하나님의 도구임을 알아야 합니다.

하나님의 허락을 받고 하나님 앞을 떠난 사탄은 욥이 가진 모든 소유물을 칩니다. 그의 자녀들도 순식간에 초토화되고 맙니다. 욥에게 닥친 고난은 순식간에 그것도 한꺼번에 임했습니다. 물질을 잃은 것까지는 어떻게 참고 견딜 수 있을지 몰라도, 그의 사랑스러운 자녀들을 잃었을 때 그의 고통은 이루 말할 수 없었을 겁니다.

여기서 우리가 기억해야 할 것은 그 처절한 고통의 순간을 욥이 어떻게 반응하는지 하나님은 지켜보고 계신다는 것입니다. 욥이 어떻게 반응했을까요?

"욥이 일어나 겉옷을 찢고 머리털을 밀고 땅에 엎드려 예배하며 이르되 내가 모태에서 알몸으로 나왔사온즉 또한 알몸이 그리로 돌아가올지라 주신 이도 여호와시요 거두신 이도 여호와시오니 여호와의 이름이 찬송을 받으실지

니이다 …" (욥 1:20-21)

그 고난의 자리에서도 욥은 하나님께 예배하고 있습니다. 하나님의 이름을 찬송하며 경배하고 있습니다. 하나님을 욕하지도 않고 원망하지도 않습니다.

지금 우리는 무엇을 얻기 위해서 하나님께 예배드리고 있지 않습니까? 까닭 없이 하나님을 경외하는 예배자가 되어야 합니다. 무엇을 얻고자 예배하는 자가 아니라, 우리의 찬송과 경배를 받기에 합당하신 하나님이심을 고백하면 언제나 까닭 없이도 감사함으로 예배하는 자가 되어야 합니다.

그런데 사탄은 이 정도로 멈추지 않았습니다. 욥의 소유물을 쳐도 소용이 없자, 그다음으로 그의 몸을 칩니다. 욥의 온몸에 악창이 나서 견딜 수가 없자 욥은 재 가운데 앉아서 기와 조각을 가져다가 그의 몸을 긁습니다.

그러면서도 욥은 하나님을 찬송하고 예배하는 일을 멈추

지 않습니다. 그 황당한 고난을 보다 못해서 그의 아내가 찾아와 남편인 욥을 저주합니다.

"… 당신이 그래도 자기의 온전함을 굳게 지키느냐 하나님을 욕하고 죽으라" (욥 2:9)

욥의 아내가 하는 말은 사탄이 하는 말과 비슷합니다. 사탄이 원하는 것은 욥이 하나님을 욕하는 것입니다. 그러나 욥은 이 엄청난 고난 중에도 절대로 하나님을 욕하지 않습니다. 오히려 아내를 책망하고 그녀의 생각과 태도를 고쳐 줍니다.

"… 그대의 말이 한 어리석은 여자의 말 같도다 우리가 하나님께 복을 받았은즉 화도 받지 아니하겠느냐 …" (욥 2:10)

고난 중에도 욥이 자신의 신앙을 지킬 수 있었던 것은 지금까지 그가 까닭 없이 하나님을 경외하는 자였기 때문입니다. 만일 하나님을 경외하고 예배하는 이유가 소유의 복을 얻기 위함이었다면, 그는 사탄이 그 소유물을 치자마자 절망하고 하나님을 떠났을 것입니다.

욥이 진정으로 까닭 없이 하나님을 경외하는 자였다는 것은 그가 고난 중에도 결코 멈추지 않았던 그의 예배가 곧 그 징표가 됩니다. 고난 중에 그의 신앙을 지킬 수 있었던 힘은 바로 예배였던 것입니다.

고난을 만나면 많은 사람이 하나님을 원망하고 낙심하여 하나님을 떠납니다. 그러나 욥은 그 엄청난 고난 중에도 하나님을 떠나지 않고 끝까지 하나님께 최고의 예배를 드렸습니다. 그가 까닭 없이 하나님을 경외하는 자였고, 예배가 그의 삶을 지배하는 거룩한 습관이었기 때문입니다.

예배는 까닭 없이 하나님께 드리는 거룩한 습관이 되어야 합니다. 우리가 감사할 수 없을 때 감사하고, 예배할 수 없을 때 예배하는 자가 되면, 하나님의 놀라운 기적을 날마다 경험하게 될 것입니다.

그러할 때 우리를 힘들게 하고 고통스럽게 하려고 찾아온 고난이 오히려 하나님의 축복의 도구로 변하게 됩니다. 마침내 하나님은 욥이 잃었던 모든 것을 다 회복시켜 주셨을 뿐만 아니라, 그에게 갑절의 은혜를 베풀어 주셨습니다.

이 놀라운 기적의 은혜가 오늘도 까닭 없이 하나님을 경외하는 모든 예배자들의 삶 가운데 임하시기를 간절히 소망합니다.

10

다니엘, 뜻을 정하는 예배자

8다니엘은 뜻을 정하여 왕의 음식과 그가 마시는 포도주로
자기를 더럽히지 아니하리라 하고 자기를 더럽히지 아니하
도록 환관장에게 구하니 9하나님이 다니엘로 하여금 환관장
에게 은혜와 긍휼을 얻게 하신지라

/ 다니엘 1:8-9 /

하나님께서는 우리를 하나님을 예배하는 자들로 부르셨습니다. 하나님의 자녀인 우리가 해야 할 가장 중요한 사명이 바로 '예배'입니다.

물론 우리가 예배를 통해서 하나님께서 주시는 은혜도 받지만, 그것이 우리가 드리는 예배의 첫째 목적은 아닙니다. 예배를 통해서 하나님께 감사와 찬양을 드림으로써 하나님을 기쁘시게 하는 것이 바로 예배의 목적이어야 합니다.

그러기 위해서는 내가 원하는 예배, 내가 좋아하는 예배를 찾는 것이 아니라, 하나님께서 원하시는 예배가 무엇인지, 하나님께서 진정 기뻐하시는 예배자는 어떠한 사람인지 잘 깨달아야 합니다.

우리가 진정 하나님이 원하시는 예배자가 될 때, 그 예배 가운데 성령 하나님께서 늘 임재하셔서 놀라운 부흥의 역사를 보여주실 것입니다.

성경에는 하나님께서 원하시는 예배자의 모습이 여러 곳에 들어있습니다. '다니엘' 의 모습 속에 그 예배자의 모습이 있습니다.

다니엘은 조상 대대로 살아오던 삶의 터전에서 쫓겨난 소년이었습니다. 민족의 멸망으로 인해서 바벨론 땅으로 끌려갔고 그곳에서 느부갓네살 왕의 수하에서 시키는 대로 지낼 수밖에 없었습니다.

'다니엘' 이라는 이름 대신, '벨드사살' 이라는 바벨론식 이름으로 불렸습니다. 음식과 포도주도 주어지는 대로만 먹고 마셔야 했습니다. 그곳에서 살아남으려면, 좋든지 싫든지 다른 선택의 여지가 없었습니다. 그가 처한 환경과 여건을 생각한다면, 달리 방법이 없다고 얼마든지 체념할 수 있었을 것입니다.

그러나 다니엘은 어쩔 수 없다고 그 환경과 여건을 탓하지 않았습니다. 오히려 불가능해 보이는 그 삶의 자리에서도 여호와 하나님을 경외하고자 날마다 하나님께 기도하는 예배자가 되었습니다.

어떠한 삶의 환경과 여건 속에서도 우리가 감당해야 할 사명은 하나님을 경외하는 예배자가 되어야 하는 것입니다. 그 무엇도 하나님을 예배하지 못하는 핑계가 되어서는 안 됩니다.

예배는 선택이 아닙니다. 우리를 부르신 하나님의 가장 큰 목적이 바로 예배입니다. 예배의 가장 근원적인 의미는 예배는 곧 '사람의 일' 이라는 뜻입니다. 하나님을 위해서 사람이 해야 할 가장 중요한 일이 바로 예배라는 의미입니다.

'예배는 내가 은혜받기 위해서 드리는 것이고, 일단 예배를 드리고 나서 일을 해야겠다' 생각하면 안 됩니다. 예배야말로 하나님께서 가장 기뻐하시는 일이요, 우리에게 허락하신 가장 거룩한 일이라는 것을 명심해야 합니다.

그렇게 된다면, 그 무엇도 하나님을 예배하는 일보다 앞설 수 없습니다. 다니엘이 바로 하나님을 그 삶의 중심에 모신 참된 예배자의 모습을 우리에게 보여줍니다. 다니엘은 어떻게 그러한 예배자가 될 수 있었는가?

오늘의 성경 첫 구절에서 우리는 그 비결을 찾을 수 있습니다.

"다니엘은 뜻을 정하여 왕의 음식과 그가 마시는 포도주로 자기를 더럽히지 아니하리라 하고 …" (단 1:8)

도저히 불가능해 보이는 그 상황 속에서도 다니엘은 하나님을 예배하고자 하는 그 거룩한 뜻을 정했다는 것입니다. 어쩔 수 없다고, 상황이 그렇다고, 자기를 합리화시키지 않았습니다. 하나님이 원하시는 예배자는 예배할 수 있을 때만 예배하는 자가 아닙니다.

예배할 수 없는 그곳에서도 하나님을 예배하는 자, 도저히 예배하기 어려운 상황에서도 결코 포기하지 않는 예배자, 그가 진정 하나님이 기뻐하시는 예배자입니다.

오늘의 성경이 다니엘을 소개할 때, '그가 뜻을 정했다'라고 번역된 히브리어 원어는 '그의 마음에다가 무엇인가를 새겨 넣었다'라는 뜻입니다.

하나님을 향한 뜻을 정한다는 것은 머리로 하는 것이 아님을 의미합니다. 이성적인 판단에서, 나의 손익을 계산해서 정하는 것이 아닙니다. 하나님이 주시는 마음에서, 하나님이 감동케 하시는 그 마음으로 결단하고 정할 때, 그것이 바로 내 뜻과 구별되는 거룩한 뜻이 되는 겁니다.

나의 이기적인 마음에 하나님의 말씀을 새겨 넣는 것, 그것이 바로 하나님이 원하시는 예배자가 뜻을 정하는 것입니다. 다니엘은 자신이 처한 환경을 탓하지 않고 그 자리에서도 예배자로서 거룩한 뜻을 정했더니 하나님께서 다른 이들의 마음을 주장해 주셔서 그 뜻을 이루게 하셨습니다.

"… 자기를 더럽히지 아니하도록 환관장에게 구하니 하나님이 다니엘로 하여금 환관장에게 은혜와 긍휼을 얻게 하

신지라" (단 1:8-9)

하나님은 다니엘에게 학문과 지혜를 주셔서 많은 사람에게 인정받게 하시고 놀라운 형통함의 복을 누리게 하셨습니다.

또한 우리가 기억해야 할 것은 믿음으로 결단하고 하나님을 향한 거룩한 뜻을 세우고 나간다고 해서 그 인생이 늘 평탄하지만은 않다는 것입니다.

다른 이들이 볼 때, 오히려 그렇게 유별나게 구는 다니엘을 어떻게 해서든지 곤란에 빠뜨리고 그를 넘어뜨리고자 하는 많은 시도가 있었습니다.

그러나 다니엘은 그 뜻을 정했기에, 하나님을 향한 예배자의 뜻이 있었기에 고난과 역경 가운데서도 결코 포기하지 않고 절망하지 않았습니다.

우리는 하나님 앞에서 거룩한 뜻을 세우고 믿음으로 결단해야 합니다. 하나님이 기뻐하시는 예배자로서의 뜻을 세워야 합니다. 그 뜻을 이루어 가실 하나님을 믿고 기도하며 감당해야 합니다.

뜻을 잘 정했다고 해서 다 된 것은 아닙니다. 아무리 거룩한 뜻을 정했다고 해도, 내 힘으로는 다 할 수 없기 때문입니다. 내 능력으로는 안 됩니다. 그 뜻이 이루어지기까지 끊임없이 기도함으로 하나님이 주시는 거룩한 능력을 얻어야 합니다.

뜻을 정한 다니엘은 늘 믿음으로 기도하는 사람이었습니다. 일상 속에서 늘 시간을 정해놓고 하나님 앞에 무릎 꿇는 기도의 사람이었기에, 그 고난의 때에도 끝까지 감당해 나갔던 것입니다.

하나님을 향한 뜻을 정하고, 늘 믿음으로 기도하는 자가 될 때 우리의 삶 가운데도 하나님의 놀라운 능력이 나타나게 될 것입니다.

그 기도의 능력을 힘입어서 앞으로 더욱 하나님을 기쁘시게 하는 예배자의 삶을 살아가는 우리 모두가 되기를 바랍니다.

11

요나, 앎이 삶이 되는 예배자

8무리가 그에게 이르되 청하건대 이 재앙이 누구 때문에 우
리에게 임하였는가 말하라 네 생업이 무엇이며 네가 어디서
왔으며 네 나라가 어디며 어느 민족에 속하였느냐 하니 9그
가 대답하되 나는 히브리 사람이요 바다와 육지를 지으신 하
늘의 하나님 여호와를 경외하는 자로라 하고 10자기가 여호
와의 얼굴을 피함인 줄을 그들에게 말하였으므로 무리가 알
고 심히 두려워하여 이르되 네가 어찌하여 그렇게 행하였느
냐 하니라 11바다가 점점 흉용한지라 무리가 그에게 이르되
우리가 너를 어떻게 하여야 바다가 우리를 위하여 잔잔하겠
느냐 하니 12그가 대답하되 나를 들어 바다에 던지라 그리하
면 바다가 너희를 위하여 잔잔하리라 너희가 이 큰 폭풍을
만난 것이 나 때문인 줄을 내가 아노라 하니라

/ 요나 1:8-12 /

하나님의 자녀는 하나님을 경외하는 것이 마음으로만 머물러 있지 않습니다. 마음뿐만 아니라 일상의 삶을 통해서 그 증거가 나타나고 보여야 합니다. 하나님을 경외한다는 것은 하나님을 진정 하나님 되시게 한다는 말로 이해할 수 있습니다. 하나님을 진정 하나님으로 여기고 그에 맞게 대접한다는 말입니다.

하나님이 전능하신 분이라면, 전능하신 분에 합당하게 우리가 생각하고 행동해야 합니다. 하나님이 신실하신 분이라면, 하나님의 말씀과 약속은 신실하게 이루어질 것이라는 믿음을 가지고, 그 신실하심에 어울리게 우리는 말하고, 생각하고, 행동해야 합니다.

하나님이 이 세상의 주권자라면, 그에 맞게 우리가 하나님을 의지하고 신뢰하고 순종하는 것, 그것이 바로 하나님을 경외하는 것입니다. 그러할 때 우리는 하나님께 합당한 영광을 드릴 수 있고, 하나님의 이름에 합당한 순종으로 하나님과 바른 관계를 맺을 수 있습니다.

모세가 태어날 때 그를 받은 히브리 산파들이 바로 그러했고, 사랑하는 독자 이삭을 아낌없이 바치려 했던 아브라함이 바로 그러했습니다. 자신의 상황을 핑계대지 않았습니다. 도저히 이해할 수 없다고 하나님을 원망하거나 불평하지 않았습니다.

오늘 우리의 모습은 어떻습니까?

내 인생이라고 여기고 내 마음대로 살다가 뜻대로 되지 않으면, 내 자녀라고 여기고 내 기대대로 되기를 바라다 되지 않으면, 하나님께 분노하고 섭섭해 하고 반항하기까지 하는 모습이 있지 않습니까? 하나님의 말씀이 내 마음에 들 때만 '아멘' 하고 내 생각과 다를 때는 순종하지 못하겠다고 고집을 부리지는 않습니까?

만일 그렇다면, 우리는 하나님을 진정 경외하는 자가 아닙니다.

아무리 하나님을 경외하는 것이 무엇인지 알고 고백할지

라도, 아직 하나님을 경외하는 삶과는 너무나 동떨어져 있는 것입니다.

그럼에도 내가 하나님을 섬긴다고 말한다면, 그것은 하나님을 하나님이시기에 까닭 없이 경외하는 자가 아니라, 나의 필요에 따라서, 나의 뜻을 이루어주는 하나의 우상과 같은 존재로서 하나님을 섬기고 있는 것입니다.

그러한 사람은 하나님께 예배드리면서도 늘 불안합니다.

하나님께 기도하면서도 감사하기 보다는 늘 염려합니다. 날마다 필요한 것을 주시는 데도, 늘 부족한 것만 보입니다. 가장 선한 길로 인도해 가시는데도, 늘 의심하고 믿지 못합니다.

오늘 말씀에 등장하는 요나의 모습이 바로 그러했습니다. '니느웨'로 가서 하나님의 말씀을 전하라는 하나님의 명령을 받습니다. 그런데 요나는 다른 곳이면 몰라도, 그곳만큼은 가고 싶지 않았습니다.

저주와 심판의 말씀을 전한다면 혹 모를까, 지금까지 자기들 마음대로 살고 그렇게도 하나님을 무시하던 그 사람들에게 용서와 자비의 말씀을 전하라는 하나님이 도저히 이해가 되지 않고 자기 자존심이 허락하지 않았습니다.

지금까지 우리는 어떻게든 말씀따라 산다고 애쓰고 때로 손해도 보고 했는데, 어떤 이가 여태 자기 마음대로 살다가 이제 와서 회개하고 천국 가겠다고 한다면 어떨까요? 무척이나 얄밉게 보일 것입니다.

그래서 요나는 반항심이 생겼던 것입니다. 하나님의 명령을 거역하고 홧김에 다른 곳으로 가는 배를 탔습니다. 믿음의 자녀들 가운데도 그러한 경우가 종종 있습니다. 하나님이 어떻게 그러실 수 있냐고 항의합니다. 부모님 따라 교회생활 잘 하던 자녀일수록, 자신이 생각하던 기준에서 벗어나는 일이 생겼을 때, 하나님에 대해서, 신앙에 대해서 크게 실망하고 회의감에 빠지게 됩니다.

공평하신 하나님인 줄 알았는데, 세상과 다를 게 없다고 비판적이 됩니다. 그에게 필요한 것은 하나님이 진정 어떠한 분이신지를 제대로 아는 것입니다. 여기서 안다는 것은 단순히 머리로, 지식과 이론으로 아는 것이 아니라, 뜨거운 가슴으로, 눈물과 땀으로 하나님을 만나고 그것을 통해 아는 것입니다.

그런데 그것은 아무리 부모라고 해도, 도와주는 데에는 한계가 있습니다. 자신이 부딪히고 체험해야 합니다. 하나님께서 그를 만나주셔야 합니다. 그것이 바로 신앙에서 중요한 체험입니다.

그러한 체험을 통해서 믿음을 아는 자에서 믿음대로 사는 자가 되는 겁니다. 하나님과의 인격적인 만남, 그 체험이 없는 신앙은 머리로 아는데 그칩니다. 무엇이 옳고 공평한가는 잘 따질 수 있지만, 그 한계를 넘지 못합니다. 내 생각보다 더 크고 위대하신 하나님을 인정하지 못하고, 자신의 기준에서 늘 하나님을 판단하고 맙니다.

혹시 우리 주위에 그러한 이들이 있다면 다시금 하나님의 예배자로 돌아올 수 있도록 기도해야 할 것입니다. 그러할 때 하나님께서 긍휼히 여기시고 친히 만나주실 것입니다.

요나의 이야기를 통해서도 우리가 알고 있듯이, 그러한 상황에서 하나님과의 만남은 대부분 극적입니다. 하나님께서 역사하심을 알도록 그의 삶에 친히 개입하셔야 하기 때문입니다.

그저 우연이 아니라, 살다 보니까 어쩌다가 아니라, 상식과 이론으로는 설명할 수 없는 성령의 역사를 고백하게 하십니다. 하나님은 그렇게 알게 하심으로써, 그를 다시 믿음의 삶으로 회복시키십니다. 요나가 탄 배는 큰 풍랑을 만나고 위태한 상황에 처하게 됩니다. 그 원인을 알고자 제비를 뽑게 되는데, 하나님은 요나가 걸리게 하십니다. 이때 요나가 배에 있는 사람들에게 했던 말이 오늘 성경에 기록되어 있습니다.

"… 나는 히브리 사람이요 바다와 육지를 지으신 하늘의 하나님 여호와를 경외하는 자로라 하고 자기가 여호와의 얼

굴을 피함인 줄을 그들에게 말하였으므로…" (욘 1:9-10)

선지자였던 요나는 틀림없이 하나님께서 자신의 모든 말과 생각을 아신다는 것쯤은 이미 알고 있었을 것입니다. 또한 자신이 그 어디를 간다 하더라도 하나님을 피할 곳이 없다는 것도 잘 알고 있었을 것입니다.

그런데도 요나는 하나님께 불순종하고 하나님을 피해서 어디론가 가겠다고 나선 것입니다. 그러면서도 자신을 '하나님 여호와를 경외하는 자'라고 말하고 있습니다.

하나님은 요나 스스로 생각할 때도 말이 안 되는 낯 뜨겁고 부끄러운 고백을 통해서 자신이 누구인지를 다시 깨닫게 하심으로 하나님의 명령에 순종하게 하셨습니다.

순종은 내가 하나님을 경외하며 살아가는 예배자임을 드러나게 합니다. 하나님의 행하심이 옳은가, 공정한가를 따지는 자가 아니라, 그 명령을 내리신 분이 하나님이시기에 순종하는 자가 되어야 합니다.

말씀이 이해가 되는지 아닌지에 따라 순종을 결정하는 자가 아니라, 그 말씀을 주신 분이 하나님이시기에 순종을 결단할 수 있어야 합니다. 우리가 하나님을 다 알고 하나님의 뜻을 다 깨달아서 순종하는 것이 아닙니다. 우리가 순종할 때, 하나님의 뜻이 우리의 눈에 보이게 되고 알게 되는 것입니다.

그 앎이 우리의 삶이 되어서 하나님의 뜻을 이루는 우리 모두가 되기를 바랍니다.

12

예수, 긍휼을 베푸는 예배자

[9]예수께서 그곳을 떠나 지나가시다가 마태라 하는 사람이
세관에 앉아 있는 것을 보시고 이르시되 나를 따르라 하시
니 일어나 따르니라 [10]예수께서 마태의 집에서 앉아 음식을
잡수실 때에 많은 세리와 죄인들이 와서 예수와 그의 제자
들과 함께 앉았더니 [11]바리새인들이 보고 그의 제자들에게
이르되 어찌하여 너희 선생은 세리와 죄인들과 함께 잡수시
느냐 [12]예수께서 들으시고 이르시되 건강한 자에게는 의사
가 쓸 데 없고 병든 자에게라야 쓸 데 있느니라 [13]너희는 가
서 내가 긍휼을 원하고 제사를 원하지 아니하노라 하신 뜻
이 무엇인지 배우라 나는 의인을 부르러 온 것이 아니요 죄
인을 부르러 왔노라 하시니라

/ 마태복음 9:9-13 /

우리가 하나님이 원하시는 예배자가 되려면 무엇보다 하나님이 우리에게 무엇을 원하시는지 그 마음을 잘 알아야 합니다. 하나님께서 소중히 여기시는 것을 무시하면서도 하나님이 기뻐하시는 예배를 하겠다고 하는 것은 있을 수 없기 때문입니다.

우리는 오늘 말씀을 통해서, 하나님이 원하시는 그 마음을 깨닫게 됩니다. 하나님이 소중히 여기시고 또한 모든 예배자가 품기를 바라시는 그 마음은 바로 긍휼히 여기는 마음입니다.

하나님은 고아와 과부들, 마음이 상한 자들, 갇힌 자들, 억압받고 포로가 된 자들을 불쌍히 여기셨습니다. 그래서 출애굽한 이스라엘 백성에게 여러 차례 말씀하셨습니다. '너희들도 나그네였던 것을 기억하고 나그네를 학대하지 말고 사랑하라.'

또한 궁핍한 자를 압제하지 말라고 하셨습니다. 그들로 와서 배부르게 먹게 하라고 하십니다. 포도원의 포도를 딴

후에도, 곡식을 벤 후에도, 남은 것을 다 따거나 떨어진 것을 다 거두지 말고, 남겨두라 명하셨습니다.

하나님은 그 누구도 어떠한 이유로도 함부로 취급받고 억압당하는 것을 기뻐하지 않으십니다. 그래서 하나님의 마음은 늘 그들에게 향하셨고 그들을 불쌍히 여기시고 사랑을 베푸셨습니다.

이 땅의 한국교회가 그러한 하나님의 사랑과 은혜로 세워졌습니다. 차별받고 궁핍한 이들이 모인 곳에 하나님의 사랑이 흘러왔고 그 위에 복음의 씨앗이 뿌려졌습니다.

한국선교 초기 여러 선교사님들이 가난한 이 땅을 찾아와서 긍휼의 마음을 베풀 수 있었던 것은, 그들 자신이 하나님으로부터 그러한 은혜와 사랑을 받았다는 것을 잊지 않고 언제나 감사하며 예배하는 자들이었기에 가능했습니다.

어떤 미국 교회에서는 목사님이 축도로 예배를 마친 후에 이제 세상을 향해서 나아가는 성도들에게 이러한 말로 인사한다고 합니다.

"평안히 가십시오. 그리고 가난한 자들을 기억하십시오."

하나님이 원하시는 예배자라면, 그의 마음이 하나님이 원하시는 마음이 되어야 하고 하나님이 원하시는 곳에 같이 있어야 합니다. 긍휼이 많으신 하나님이시기에 결국 우리를 구원하시고자 친히 인간의 몸으로 이 땅에 오시기까지 하셨습니다.

그래서 오늘의 말씀이 전하는 것처럼, 예수님은 친히 병든 자, 억눌린 자, 억압받은 자들을 찾아가셨던 것입니다.

"… 나는 의인을 부르러 온 것이 아니요 죄인을 부르러 왔노라 …" (마 9:13)

예수님은 자신이 이 땅에 오신 목적을 분명히 선언하셨습니다.

만일 우리가 그러한 이들을 외면하고 선을 행하지 않고 나누지 않으면서 우리 자신의 삶에만 몰두한다면, 우리가 드리는 예배가 과연 누구를 위한 예배가 되겠습니까?

예배는 창조주이시자 구원자이신 하나님께 최고의 가치를 드리는 것입니다. 여기서 우리가 관심해야 할 것은 과연 무엇이 가장 귀한 가치인가? 가치의 기준이 나에게 있는 것이 아니라, 하나님께 있어야 합니다.

그 기준이 잘못되어 있으면, 아무리 이 예배의 자리에 머물러 있다 할지라도, 하나님을 서운하게만 하고, 하나님 보시기에 오히려 가증한 자가 되는 겁니다. 하나님을 기쁘시게 하는 예배자가 되어야 합니다.

하나님 마음에 합한 자가 되는 길은 바로 하나님의 마음, 그 긍휼의 마음을 가지는 것입니다. 치열한 경쟁의 시대, 바쁘게 살아가는 오늘 이 사회에서 남을 돌아보고 긍휼의 마음을 가진다는 것은 결코 쉽지 않습니다. '나도 살기 힘든데, 어떻게 남까지 신경 쓰고 챙깁니까?'

'곳간에서 인심 난다'는 말이 있습니다. 하나님 주시는 긍휼의 마음이 우리에게 채워지지 않으면 안 되는 것입니다. 그 긍휼이 우리에게 어떻게 채워지는 것일까요?

바로 하나님께 예배드리는 이 시간, 내가 바로 그 긍휼의 은혜로 살아가고 있는 존재임을 다시금 고백하는 예배자에게 하나님의 긍휼이 채워집니다. 따라서 긍휼도 하나님이 주시는 능력입니다.

돈이 많다고, 시간이 허락된다고 긍휼을 베풀 수 있는 것이 아닙니다. 날마다 하나님의 은혜와 사랑을 고백하며 예배하는 자만이 이 놀라운 긍휼의 능력을 나타낼 수 있습니다.

오늘 성경에, 바리새인들을 향해서 명하신 예수님의 말씀이 있습니다.

"너희는 가서 내가 긍휼을 원하고 제사를 원하지 아니하노라 하신 뜻이 무엇인지 배우라 …" (마 9:13)

긍휼을 행하면, 예배가 필요 없다는 말씀이 아닙니다. 이 말씀의 유래를 잘 이해해야 합니다.

우리는 베드로전서를 통해서, 하나님께서 우리를 '왕 같은 제사장'으로 부르셨다고 믿습니다. 여기에서 '만인 제사장'이라는 신학 용어가 생겨났습니다.

우리 모두가 제사장이라는 말입니다. 다른 사람을 거치지 않고 우리 각자가 직접 하나님을 만나고 하나님께 기도할 수 있고 예배도 할 수 있다는 말입니다.

하나님은 우리에게 이러한 엄청난 특권을 주셨습니다. 그런데 우리가 잊지 말아야 할 것은 제사장인 우리에게는 그러한 특권만이 아니라, 그에 따른 의무와 책임도 있다는 것입니다.

백성을 위해서 하나님 앞에 서는 자, 백성을 불쌍히 여겨달라고 하나님 앞에 부르짖는 자, 하나님 앞에 나서지도 못하는 그들을 품고 긍휼의 하나님께 무릎 꿇는 자, 그가 바로 제사장입니다.

하나님께 나아가지 못하는 우리의 자녀나 부모나, 남편이나 아내나, 우리의 이웃이나 친척이나, 이 나라와 민족을 모두 가슴에 품고 어깨에 짊어지고 하나님 앞에 나와 예배하는 이들이 바로 제사장입니다.

'하나님, 이들을 기억하여 주옵소서. 긍휼히 여겨 주시옵소서.' 간절히 기도하며 제사장의 사명을 감당해야 합니다. 제사장인 우리는 구원자도 아니고 해결자도 아닙니다. 오직 구원자이시며 해결자가 되시는 하나님 앞에 그들의 문제를 대신 갖다 놓는 자입니다.

깨진 관계, 상한 마음, 악한 모습들 … 그것을 정죄하고 비판하는 마음이 아니라, 그들을 긍휼히 여기는 마음으로 하나님께 간절히 기도하시기 바랍니다.

'제사장' 이라는 신분은 우리에게 영적인 우월감을 가져다주는 것이 아닙니다. 오히려 우리를 낮추고 긍휼의 마음을 갖도록 하는 것입니다. 오늘도 하나님의 긍휼하심의 은혜로 살아감을 고백하며 기도할 때, 우리를 통해서 하나님의 긍휼이 세상을 향해 흘러가게 될 것입니다.

예수님께서는 그 긍휼의 마음으로 세리와 죄인들과 함께 음식을 잡수셨고, 고통 가운데 있는 모든 자와 함께 있어 주셨습니다.

"… 내가 긍휼을 원하고 제사를 원하지 아니하노라 …" (마 9:13)

오늘 우리에게 주시는 주님의 음성을 듣고 긍휼을 베푸는 삶으로 하나님을 기쁘시게 하는 예배자가 되시기를 바랍니다.

13

베드로, 죄인임을 고백하는 예배자

[3]예수께서 한 배에 오르시니 그 배는 시몬의 배라 육지에서
조금 떼기를 청하시고 앉으사 배에서 무리를 가르치시더니
[4]말씀을 마치시고 시몬에게 이르시되 깊은 데로 가서 그물을
내려 고기를 잡으라 [5]시몬이 대답하여 이르되 선생님 우리들
이 밤이 새도록 수고하였으되 잡은 것이 없지마는 말씀에 의
지하여 내가 그물을 내리리이다 하고 [6]그렇게 하니 고기를
잡은 것이 심히 많아 그물이 찢어지는지라 [7]이에 다른 배에
있는 동무들에게 손짓하여 와서 도와 달라 하니 그들이 와서
두 배에 채우매 잠기게 되었더라 [8]시몬 베드로가 이를 보고
예수의 무릎 아래에 엎드려 이르되 주여 나를 떠나소서 나는
죄인이로소이다 하니 [9]이는 자기 및 자기와 함께 있는 모든
사람이 고기 잡힌 것으로 말미암아 놀라고 [10]세베대의 아들
로서 시몬의 동업자인 야고보와 요한도 놀랐음이라 예수께
서 시몬에게 이르시되 무서워하지 말라 이제 후로는 네가 사
람을 취하리라 하시니 [11]그들이 배들을 육지에 대고 모든 것
을 버려 두고 예수를 따르니라

/ 누가복음 5:3-11 /

인생을 살다보면 생각했던 대로 일이 풀리지 않을 때가 있습니다. 기대했던 대로 되지 않을 때가 많이 있습니다. 내 나름대로 애쓰고 열심히 했는데, 막상 그 결과를 따져보니 아무것도 남은 것이 없을 때도 있습니다.

다시 새롭게 시작하고자 하지만, 이미 지쳐서 더는 어떻게 할 수도 없는 그러한 상황에 처할 때가 있습니다. 그럴 때, 여러분이라면 어떻게 하시겠습니까?

오늘의 말씀 속에는 그러한 상황에 처해있는 사람들이 등장합니다. 밤이 새도록 애를 썼지만, 아무것도 잡지 못해서 낙심하고 절망해 있는 어부들입니다.

지난밤에 고기를 한 마리도 잡지 못하고 그물을 씻는 중입니다. 그들의 마음이 얼마나 침울했을까요? 몸은 완전히 지쳐서 말할 기운도 없이 그저 묵묵히 그물을 씻으며 뒷정리를 하고 있었을 것입니다.

예수님은 그렇게 낙망해 있는 이들에게 다가가셨습니다.

낙심한 어부들에게 오신 예수님은 베드로의 배에 오르십니다.

오늘의 말씀에서 먼저 우리가 주목해야 할 것은 예수님께서 낙심한 그들에게 무엇을 먼저 주셨는가 하는 것입니다.

예수님은 지금 그들에게 가장 큰 문제가 무엇인지 잘 알고 계셨습니다. 밤새도록 수고하였지만 고기를 한 마리도 잡지 못한 것입니다. 그런데, 예수님은 고기 때문에 낙망해 있던 이들에게 그들이 원했던 그것을 바로 주시지 않으셨습니다.

말씀을 먼저 주셨습니다. 말씀이 더 중요하기 때문입니다. 하나님의 말씀만이 새로운 사람으로 변화시키는 능력이 됩니다.

예수님은 제자들을 부르실 때 이 귀한 말씀을 먼저 주셨습니다. 물고기는 그저 한 끼 허기진 배를 채울 수 있지만, 말씀은 인생을 바꾸는 능력이 있기 때문입니다.

우리가 때때로 낙심하고 실망해 있을 때, 우리에게 가장 필요한 것은 세상의 가치나 물질이 아닌, 말씀이라는 사실을 기억하시기 바랍니다.

말씀이 들려질 때 우리의 이기적인 마음이 주님께서 보여주셨던 사랑의 마음으로 바뀌게 됩니다. 그 말씀에 따를 때, 우리의 편협한 생각이 하나님의 원대한 뜻으로 바뀌기에 우리의 예배와 삶이 하나님의 영광을 드러낼 것입니다.

말씀을 주신 예수님은 드디어 베드로에게 명하십니다.

"… 깊은 데로 가서 그물을 내려 고기를 잡으라" (눅 5:4)

이 명령은 베드로가 바로 순종하기 어려운 명령이었습니다. 이미 지난밤에 자신이 할 수 있는 것은 다 해 보았기 때문입니다.

그런데 놀랍게도 베드로는 즉시 순종합니다.

"… 선생님 우리들이 밤이 새도록 수고하였으되 잡은 것이 없지마는 말씀에 의지하여 내가 그물을 내리리이다 …" (눅 5:5)

베드로가 순종할 수 있었던 이유는 그가 예수님의 말씀을 먼저 들었기 때문입니다. "… 말씀에 의지하여 내가 그물을 내리리이다 …."

베드로가 그렇게 주님의 말씀에 믿음으로 순종했을 때 미처 상상할 수 없었던 놀라운 일이 일어났습니다.

"그렇게 하니 고기를 잡은 것이 심히 많아 그물이 찢어지는지라" (눅 5:6)

주님의 말씀을 듣고 그 말씀에 순종하자 단번에 지금까지 한 번도 경험하지 못했던 놀라운 결실을 얻었습니다. 오직 말씀에 순종하고 말씀에 의지할 때, 우리의 삶 가운데에도 놀라운 하나님의 역사가 나타날 줄로 믿습니다.

놀라운 하나님의 역사는 이것으로 끝나지 않았습니다. 하나님이 원하시는 예배자가 되기 위해서 이 사건에서 우리가 또한 주목해야 할 것이 있습니다. 이렇게 엄청난 기적을 체험한 베드로가 바로 그 자리에서 보였던 반응입니다. 베드로는 곧바로 주님의 무릎 아래에 엎드려 고백했습니다.

"… 주여 나를 떠나소서 나는 죄인이로소이다 …" (눅 5:8)

이 장면은 쉽게 이해가 되지 않습니다. 지금 그렇게 원하던 고기를 많이 잡게 되었습니다. 그렇다면, 정말 기뻐하고 좋아해야 할 상황임이 분명합니다.

그런데 베드로는 난데없이 이 상황과 전혀 상관없어 보이는 고백을 하고 있습니다. "주님, 저는 죄인입니다"

당시 예수님의 기적을 맛본 많은 사람들은 어떻게 해서든지 예수님이 자기들에게서 떠나시지 못하도록 만류했습니다. 기적으로 인한 혜택을 더 많이 누리고 싶어 했기 때문입니다.

그런데 베드로는 정반대로 예수님에게 자신을 속히 떠나시라고 요청합니다. 왜 그랬을까요?

베드로는 예수님께서 행하신 기적의 사건을 직접 경험하면서 그것으로 인해서 자신의 이익을 얻고자 했던 것이 아니라, 그것을 행하신 예수가 누구신지를 영적으로 깨달았기 때문입니다.

물고기도 그 명령에 순종하는 이분이 바로 살아계신 하나님의 아들이심을 깨달았던 것입니다. 빛으로 오신 주님 앞에서 자신이 얼마나 더러운 죄인인지를 비로소 알게 되었습니다.

깨닫고 보니까, 알고 보니까 너무나 두렵고 떨렸던 것입니다.

우리 역시 하나님은 우리의 모든 것을 아시는 분임을 잊지 말고 언제나 두렵고 떨리는 마음으로 예배하는 자가 되어야 합니다.

그러한 깨달음을 얻은 베드로에게 예수님은 놀라운 말씀을 주십니다.

"… 무서워하지 말라 이제 후로는 네가 사람을 취하리라 …" (눅 5:10)

베드로의 인생에 새로운 시작을 여는, 새로운 사명을 주시는 주님의 비전과 축복의 말씀입니다.

베드로의 고백과 예수님의 응답을 통해서 이러한 깨달음을 얻게 됩니다. 우리가 하나님 앞에서 '주님, 저는 죄인입니다. 저는 무능한 존재입니다'라고 진정으로 고백하는 그 순간, 우리를 향하신 하나님의 새로운 뜻과 계획을 깨닫게 된다는 것입니다.

내가 나 자신에 대해서 낙망할 때, 내가 내 능력의 한계를 깨달을 때, 놀랍게도 바로 그 때가 하나님의 역사가 시작되는 때입니다. 하나님의 말씀은 우리를 생명의 길로 인도합니다. 내가 바로 하나님의 은혜 없이는 살아갈 수 없는 죄인임을 깨닫게 합니다.

날마다 말씀에 의지하고 하나님께 순종하는 예배자가 될 때, 그 놀라운 구원의 은혜를 더욱 기쁨으로 누리는 인생이 될 것입니다.

우리 모두가 베드로와 같이, 하나님 앞에서 내가 바로 죄인임을 고백하는 믿음으로 놀라운 하나님의 역사를 체험하고 하나님의 축복을 간증하는 복된 인생이 되기를 바랍니다.

14

헬라인, 갈망하는 예배자

[20]명절에 예배하러 올라온 사람 중에 헬라인 몇이 있는데
[21]그들이 갈릴리 벳새다 사람 빌립에게 가서 청하여 이르되
선생이여 우리가 예수를 뵈옵고자 하나이다 하니 [22]빌립이
안드레에게 가서 말하고 안드레와 빌립이 예수께 가서 여쭈
니 [23]예수께서 대답하여 이르시되 인자가 영광을 얻을 때가
왔도다 [24]내가 진실로 진실로 너희에게 이르노니 한 알의 밀
이 땅에 떨어져 죽지 아니하면 한 알 그대로 있고 죽으면 많
은 열매를 맺느니라 [25]자기의 생명을 사랑하는 자는 잃어버
릴 것이요 이 세상에서 자기의 생명을 미워하는 자는 영생하
도록 보전하리라 [26]사람이 나를 섬기려면 나를 따르라 나 있
는 곳에 나를 섬기는 자도 거기 있으리니 사람이 나를 섬기
면 내 아버지께서 그를 귀히 여기시리라

/ 요한복음 12:20-26 /

오늘의 말씀은 명절을 맞아서 성전에서 예배드리고자 예루살렘을 찾아 온 사람들로 시작합니다. 성경은 그들을 '헬라인' 이라고 소개하고 있습니다. 여기서 '헬라인' 이라고 언급하는 이유는 이들이 당시 헬라 지역에 살게 되면서 헬라어를 말하게 된 헬라파 유대인들이 아니라, 혈통적으로 순수한 이방 사람들 즉 태생이 헬라인임을 강조하는 것입니다.

그러한 헬라인들이 명절을 맞아서 예루살렘으로 예배를 드리러 왔다는 것은 이들이 유대교로 개종한 헬라 출신의 이방인들임을 나타내는 것입니다. 분명 그들은 헬라 사회를 지배하고 있던 다양한 철학과 신화, 종교 등에 익숙했었을 것입니다.

그런데 왜 그들이 유대교로 개종을 하고 명절을 맞아서 유대인들처럼 예배드리고자 예루살렘까지 왔을까요? 더군다나 그들이 왜 지금 예수님과의 만남을 원하고 있을까요?

그들이 유대교로 개종한 이유는 아마도 사변적이고 메마른 헬라 철학과 종교로부터는 아무런 내적인 만족을 얻지 못했기 때문일 것입니다. 그런데 유대교를 통해서 그러한 만족을 얻고자 개종한 그들이 유대인의 명절인 유월절을 지키기 위해서 예루살렘으로 왔다가 예수님의 소문을 듣게 되었습니다.

오늘의 성경 바로 앞 단락에 보면, 명절을 맞아 모인 많은 무리에게 예수님께서 죽은 나사로를 살리신 소문이 퍼져 나갔음을 알 수 있습니다. 더군다나 그러한 기적을 일으키실 수 있는 능력의 예수님이 나귀새끼를 타고 입성하시는 겸손한 모습도 보게 됩니다.

헬라의 생명력 없는 철학과 죽은 종교에 실망하고 염증을 느낀 이들에게 죽은 자가 살아났다는 기적의 소식과 함께, 이러한 기적을 일으킨 주님이 나귀새끼를 타고 오시는 모습은 큰 감동을 주었을 것이고 신선한 충격을 받았습니다. 따라서 그러한 예수님을 꼭 만나고 싶다는 간절한 소망을 가졌을 것이 분명합니다.

그들이 가졌던 이 갈망이 오늘 우리에게도 있어야 합니다. 예배는 하나님과의 만남입니다. 생명의 주인 되시고, 전능하신 하나님을 만나는 예배를 우리는 얼마나 갈망하고 있습니까?

우리 가운데 다시금 예배에 대한 거룩한 갈망이 넘쳐나게 되기를 소망합니다. 하나님이 원하시는 예배자는 날마다 하나님과의 만남을 사모하는 자입니다. 하나님만이 채워주심을 믿고 그 거룩한 갈망을 가지고 나오는 자입니다.

그러한 예배자에게 하나님은 이 세상에서 얻을 수 없는 복음의 능력을, 하나님의 은총을 채워주십니다. 복음에는 생명력이 있습니다. 단순한 이론이나 지식이 아닙니다.

하나님의 진리의 말씀에는 땅의 것에서 만족하지 못하는 영혼들을 부르시고 이끌어 들이는 능력이 있습니다. 마치 쇠 조각 옆에 자석이 가까이 가면, 그것이 끌려오게 되는 것처럼 말입니다.

교회성장을 연구하는 학자들은 오늘 이 시대를 가리켜 교회의 부흥은 끝났다고 말합니다. 더 이상 교회가 성장하기는 어렵다고 전망합니다. 그런데, 그 이유가 무엇일까요?

성경말씀이 오래돼서 일까요? 인구가 줄어들어서 일까요? 아닙니다. 오늘 말씀에서 깨닫게 되는 것은 하나님을 예배하는 우리에게 무엇보다 필요한 것은 바로 그 거룩한 갈망이 회복되어야 한다는 것입니다.

진정한 고백과 믿음 없이, 형식적이고 습관적인 예배를 드리는 자가 아니라, 오직 하나님만이 나의 구원자가 되심을 고백하는 예배자가 되어야 합니다. 복음이 낡아서가 아닙니다. 어느새 우리에게 하나님을 향한 거룩한 갈망이 사라졌기 때문입니다.

갈망이 사라진 예배자들은 아무리 예배를 드려도 복음의 생명력을 얻지 못합니다. 하나님의 능력이 그들에게 채워지지 않습니다. 살아있는 복음의 능력을 점점 체험하지 못하니까, 믿음이 제대로 자라지 않고 확신이 없어지다 보니까, 세상을 향해 담대하게 증거하지 못하는 것입니다.

오늘부터 다시, 이 시간부터 다시, 복음의 능력을 믿고 갈망하는 예배자로서 하나님께 최선을 다해 예배드리는 자가 되시기 바랍니다. 지금도 이 세상에는 헛된 꿈을 이루고자 살아가다가 세상에서 만족함을 얻지 못해서 방황하고 있는 이들이 많이 있습니다. 참된 진리를 깨달은 우리가 그들에게 복음의 생명력을 보여 주어야 합니다.

우리가 진정 하나님이 원하시는 거룩한 갈망을 가진 예배자가 된다면, 그들이 우리의 믿음과 삶을 통해서 복음의 생명력을 보게 될 것입니다. 복음의 능력에 이끌려서 많은 이들이 교회의 문을 두드리게 될 것입니다.

오늘의 말씀에서 우리가 또한 주목해야 할 것은 헬라인들의 방문이 예수님의 결정적인 선언으로 이어졌다는 것입니다. 안드레와 빌립이 예수님께 가서 헬라인들의 방문소식을 전하자 예수님께서 이렇게 답하셨습니다.

"… 인자가 영광을 얻을 때가 왔도다" (요 12:23)

그런데 이 말씀은 이전까지 보이셨던 주님의 태도와는 완전히 다릅니다. 지금까지는 '아직 때가 이르지 않았다'는 이렇게 말씀해 오셨습니다.

그런데 이처럼 오랫동안 때를 기다리시던 주님께서, 사람들이 보기에 별로 중요해 보이지도 않는 헬라인들, 즉 개종한 이방인들의 방문을 받으시고는 '때가 이르렀다'고 말씀하신 것입니다. 예수님의 공생애에 있어서 매우 결정적인 선언을 하셨다는 것입니다.

그 이후 예수님께서는 흔들림 없이 골고다 언덕을 향해, 십자가를 향해 나아가셨습니다. 사도 요한은 우리에게 이 사건을 전하면서, 헬라인들의 방문을 대하는 예수님과 그의 제자들을 비교하게 만듭니다.

제자들은 이방인들의 방문을 그저 대수롭지 않게 여겼습니다. 반면에, 예수님은 그들의 방문을 받자마자 자신의 때가 이르렀음을 간파하셨습니다.

하나님의 뜻과 선한 때를 찾기 위해서 어떤 거창한 사건이나 신비한 계시만을 기대하지 마십시오. 하나님은 오늘도 우리의 일상 가운데 함께 계시고 우리를 통해 일하십니다.

우리는 끊임없이 기도하는 사람이 되어야 하고, 늘 하나님의 말씀과 동행하는 사람이 되어야 하고, 일상의 평범해 보이는 사건을 통해서도 그 안에 담겨있는 하나님의 섭리와 때를 발견할 수 있는 사람이 되어야 합니다.

말씀과 기도로 우리의 영적인 눈을 뜨게 되면, 평범하게 보이는 사건들 속에서도 하나님의 일하심을 보게 됩니다. 하나님의 계획과 뜻을 발견할 수 있게 됩니다.

"… 인자가 영광을 얻을 때가 왔도다" (요 12:23)

이것은 예수님께서 곧 감당해야 할 십자가 사건을 예고하신 말씀입니다. 십자가가 영광일까요? 세상적인 기준으로는 납득할 수 없는 것입니다. 십자가의 죽음은 그야말로 가장 수치스럽고 가장 고통스러운 형벌이었습니다.

그럼에도 불구하고, 주님께서 이러한 십자가를 가리켜서 '영광'이라고 말씀하셨다는 것을 우리는 잊지 말아야 합니다.

오늘도 주님의 영광을 위해서 살아가는 예배자가 되어야 합니다. 그렇게 되는 길은 바로 내가 한 알의 밀알로서 땅에 떨어져 죽는 것입니다. 내가 살고자 하는 것이 아니라, 내가 먼저 죽고자 할 때 교회가 사는 것입니다.

여기서 '죽는다'는 것은 세상과 육신에 속한 모든 욕심과 정욕을 버리는 것입니다. 모든 악한 것들을 십자가에 못 박고, 주님이 베푸신 그 놀라운 사랑과 주님이 이 땅에 이루신 그 평화를 오늘 우리의 삶 가운데 또한 이루어 가는 것입니다.

우리 한 사람 한 사람이 자기를 부인하고 자기 십자가를 지고 주님을 따르는 참된 예배자가 되고자 할 때, 주님의 몸 된 교회가 복음의 생명력을 찾아 나오는 이들로 가득하게 될 것입니다.

15

바울, 거룩한 산 제물을 드리는 예배자

1그러므로 형제들아 내가 하나님의 모든 자비하심으로 너희
를 권하노니 너희 몸을 하나님이 기뻐하시는 거룩한 산 제물
로 드리라 이는 너희가 드릴 영적 예배니라 2너희는 이 세대
를 본받지 말고 오직 마음을 새롭게 함으로 변화를 받아 하
나님의 선하시고 기뻐하시고 온전하신 뜻이 무엇인지 분별
하도록 하라 3내게 주신 은혜로 말미암아 너희 각 사람에게
말하노니 마땅히 생각할 그 이상의 생각을 품지 말고 오직
하나님께서 각 사람에게 나누어 주신 믿음의 분량대로 지혜
롭게 생각하라 4우리가 한 몸에 많은 지체를 가졌으나 모든
지체가 같은 기능을 가진 것이 아니니 5이와 같이 우리 많은
사람이 그리스도 안에서 한 몸이 되어 서로 지체가 되었느
니라

/ 로마서 12:1-5 /

시 한편을 소개합니다.

쫓아오던 햇빛인데
지금 교회당 꼭대기
십자가에 걸리었습니다.

첨탑이 저렇게도 높은데
어떻게 올라갈 수 있을까요.

종소리도 들려오지 않는데
휘파람이나 불며 서성거리다가,

괴로웠던 사나이
행복한 예수 · 그리스도에게
처럼
십자가가 허락된다면

모가지를 드리우고
꽃처럼 피어나는 피를

어두워 가는 하늘 밑에

조용히 흘리겠습니다.

윤동주의 "십자가"라는 시입니다. 이 시는 1948년에 발표된 유고 시집 『하늘과 바람과 별과 시』에 수록되어 있습니다. 그의 자필 원고에 보면, 해방 전인 1941년에 쓰여진 것을 알 수 있습니다.

할아버지가 장로님이셨던 믿음의 가정에서 자란 윤동주는 의사가 되기를 바랐던 아버지의 반대에도 불구하고 문학을 공부합니다. 연희전문학교 졸업을 앞둔 1941년에 이 시를 포함해서 총 19편의 시를 묶어서 자필 시집 세 부를 만들었습니다. 그 세 부 가운데 하나는 자신이 갖고, 나머지는 교수님과 후배에게 한 부씩을 주었습니다.

윤동주는 원래 이 시집을 졸업 기념으로 바로 출판하고자 했습니다. 그런데 이 시집을 받아 읽어본 교수님이 출판을 극구 만류했습니다. 당시 일제의 검열을 통과하지 못할 것이 너무 뻔했기 때문입니다. 그 중에 대표적으로 문제가 될 것이 바로 이 "십자가"라는 시였습니다.

결국 그의 생전에는 시집 출판의 뜻을 이루지 못했습니다. 하지만 그가 후배에게 주었던 그 마지막 한 부가 장롱 속에 깊이 보관된 덕분에 해방 뒤인 1948년에 비로소 빛을 보게 되었습니다.

윤동주, 그는 독립투사도 아니었고 이름이 널리 알려진 시인도 아니었습니다. 하지만 그는 자신의 시와 삶을 일치시키고자 애썼던 젊은이였습니다. 계속해서 시를 쓰는 것이 과연 옳은 일인가 깊이 고뇌하던 청년이었습니다. 신사참배를 강요받던 그 시대에 감히 그리스도인의 길을 가려고 했던 것입니다.

안타깝게도 그는 그토록 바라던 광복을 겨우 6개월 앞두고 후쿠오카 형무소에서 스물아홉 살에 옥사했습니다. 무엇이 그를 끝까지 일제에 투쟁하게 하고 포기하지 않도록 했을까요?

하나님은 우리를 위해서 친히 인간의 몸을 입고 이 땅에 오셨습니다. 어둠의 이 땅에 생명의 빛을 비추시기 위해서, 죄로 인해 죽을 수밖에 없는 우리를 구원하시기 위해서 오신 것입니다.

하나님이 그리하셨다면, 우리는 이제 어떠한 예배자로 살아가야 할까요? 어지러운 정국에, 불안한 미래에, 내일의 희망을 잃어가고 있는 지금! 오직 하나님 앞에 두렵고 떨리는 마음으로 엎드려야 합니다. 그러할 때 우리의 참된 소망은 오직 하나님의 뜻에 달려있음을 깨닫게 됩니다.

오늘 말씀에서 사도 바울은 하나님의 뜻을 분별하는 새로운 삶을 살아가라고 권면하고 있습니다. 하나님의 선하시고 기뻐하시고 온전하신 뜻! 그 뜻이 무엇인지 날마다 분별하고자 애쓰는 예배자가 되어야 합니다.

우리 그리스도인들에게 무엇보다 중요한 것은 우리를 향하신 하나님의 뜻을 올바로 아는 것입니다. 그런데 문제는 그것이 결코 쉽지 않다는 것입니다.

3.1운동 민족대표 33인 가운데, '신홍식' 목사님이라는 분이 있습니다. 그런데 신홍식 목사님은 처음에는 한일합방을 하나님의 뜻으로 여겼습니다. 로마서 13장을 근거로 해서, 모든 권력은 하나님께로부터 나왔으니 일본 정부에 순종하는 것이 하나님의 뜻이라고 여겼습니다.

일제의 탄압에 대해서도 처음에는 참고 인내했습니다. 그저 참고 인내하는 것, 나아가 일제에 순종하는 것이 하나님의 뜻이요, 신앙인의 미덕이라고 생각했습니다.

그러다 어느 날 그의 가슴 속에 독립사상이 샘솟아 났습니다. 그런데 문제는, 이것이 단지 자신의 인간적인 생각인지 아니면 진정한 하나님의 뜻인지 분간이 되지 않았습니다. 그러할 때 그것을 어떻게 분별해야 할까요?

신홍식 목사님은 다시 신앙의 본질로 돌아갔습니다. 신앙의 두 축인 성경과 기도를 통해서 다시 하나님의 뜻을 물었습니다. 그 결과 마침내, 일제로부터 나라를 독립하는 것이 하나님의 뜻이라는 것을 새롭게 분별하게 되었습니다.

우리 그리스도인들은 하나님의 뜻을 분별할 줄 알아야 합니다. 하나님의 마음을 깨달을 수 있도록 우리에게 말씀을 주셨습니다. 하나님의 음성을 들을 수 있도록 우리에게 기도를 주셨습니다.

날마다 하나님의 은혜를 기억하면서 마음과 뜻과 정성을 다하여 하나님께 예배할 때, 하나님은 말씀과 기도를 통해서 오늘 우리를 향하신 하나님의 마음과 뜻을 분별하게 하실 것입니다.

오늘 말씀에서 우리가 또한 잊지 말아야 할 것이 있습니다. '하나님의 뜻을 묻고 분별하는 목적이 무엇인가?' 하는 것입니다. 하나님의 선하시고 기뻐하시고 온전하신 뜻이 무엇인지 분별하는 목적은 우리가 하나님의 그 뜻에 순종하기 위한 것입니다.

비록 내 생각과 다르다 할지라도, 내가 원하는 바가 아니라 할지라도, 하나님의 뜻이 언제나 선하고 온전하다는 것을 믿고 우리는 그 인도하심에 순종해야 합니다.

신홍식 목사님은 하나님의 뜻을 분별하는 데에 머물지 않았습니다. 새롭게 분별한 하나님의 뜻에 끝까지 순종하였기에, 그는 누구보다도 적극적으로 행동하는 믿음의 신앙인이 되었습니다.

말씀과 기도로 나를 향하신 하나님의 뜻을 깨닫게 하셨다면, 끝까지 기쁨으로 철저히 하나님께 순종해야합니다. 야고보서 1장 22절의 말씀입니다.

"너희는 말씀을 행하는 자가 되고 듣기만 하여 자신을 속이는 자가 되지 말라"

말씀을 듣기만 하는 자는 불행하게도 자신을 속이는 자가 되고 맙니다. 그러나 우리가 하나님의 뜻을 분별하고 그 뜻에 순종하고자 할 때, 우리의 생각을 초월하시는 하나님의 놀라운 역사가 일어나게 됩니다.

하루하루 우리의 일상에서, 때를 따라 깨닫게 하시는 하나님의 그 뜻에 순종하며 살아가야합니다. 그러할 때 하나님은 우리의 부족함과 연약함도 귀한 도구로 사용하시고 진정 복 있는 자가 되게 하십니다.

지금까지 내가 뭔가 대단한 것을 이루지 못했다고 결코 낙심하지 마십시오. 하나님을 예배하는 자에게 중요한 것은 우리를 보내신 그 삶의 자리에서 각자에게 주신 믿음의 분량대로 하나님의 도구로 쓰임 받는 것입니다. 그것이 바로 하나님께 우리를 거룩한 산 제물로 드리는 것입니다.

하나님은 오늘도 하나님의 뜻을 분별하고 행하고자 하는 자를 찾으십니다. 그리스도 안에서 한몸이 되어 서로 지체가 되게 하십니다. 연약하고 부족한 우리를 부르셔서 주님의 몸된 교회의 지체가 되게 하신 하나님께 진정 감사하는 예배자가 되어야 합니다.

날마다 말씀과 기도로 나아갈 때, 성령께서 지혜와 명철을 주셔서 하나님의 뜻을 깨닫게 하시고 그 뜻에 순종하며 행할 수 있는 능력도 주실 것입니다.

하나님께서 원하시는 예배자가 되기로 결단하는 이들을 통해서 다시금 예배의 부흥을 꿈꾸게 하시고 그 꿈을 이루어 가실 하나님께 모든 영광을 돌립니다.

미래교회를 사랑하는 사람들의 책 01

갈망하는 예배자

지은이_ 김형래
펴낸이_ 최병천

펴낸날_ 2020년 4월 12일(초판1쇄)
2026년 1월 20일(초판2쇄)

펴낸곳_ 신앙과지성사
출판등록 제9-136(88. 1. 13)
주소 | 서울 서대문구 연희로 177 옥산빌딩 2층
전화 | 335-6579 · 323-9867 · 323-9866(F)
E-mail | miral87@hanmail.net
홈페이지 | http://www.miral.co.kr

ISBN 978-89-6907-226-9 03230

값 12,000원